Andalusien

Andalusien

Ein Reiselesebuch

herausgegeben von Wolfram Weimer

Ellert & Richter Verlag

Inhalt

Wolfram Weimer

„Para qué?", fragt der Andalusier

Das klassische Andalusienklischee kommt maurisch daher. Bilder von reitenden Araberfürsten, orientalischen Palästen, duftenden Haremsdamen, plätschernden Parkbrunnen und kühlen Moscheen haben eine Maurenmystik zusammengezimmert, die auf „Dollar komm raus" touristisch vermarktet wird. Reiseführer verbrämen die angeblich große Muselmanengeschichte im spanischen Süden zu einer „einmaligen Symbiose von Ost und West, von Orient und Okzident, von Christentum und Islam". Die Alhambra wird zur göttlichen Burg überhöht, die Araberkultur zur Paradiesvision verklärt und Andalusien zum sagenumwobenen Schmelztiegel der Kulturen emporstilisiert. Dies alles vermengt sich mit den Zutaten vom feurigen Don Juan, der glutäugigen Sevillanerin und dem todesmutigen Torero zu einem klebrigen Touristenteig, der, mit faltenzerfurchten Eselsreitern und Kastagnetten klappernden Flamencotänzerinnen gewürzt, endlich über Zigeunerfeuer zusammengebacken und bei Fischerromantik und katholischem Kerzenlicht dem Fremden in dicken Klößen aufgetischt wird.

Solcherlei Andalusienmenü verschlingen Bade-Urlauber gerne, die nach Tagen des strandigen Einerleis nach Granada pilgern, um das „wahre" Andalusien zu schmecken. Serviert wird immer gleicher Alhambrabraten mit schlechter Flamencosauce. Den Magen dazu bereitet ein Export-Sherry, zur Vorspeise schlürft man das Armeleutesüppchen „Gazpacho", das für kulinarische Authentik gehalten wird, und als Dessert lässt man sich übersüße Maurenbonbons auftischen. Denn Klischees munden, auch wenn sie entlarvt sind; der diffuse Kern der Wahrheit reicht den meisten schon als Ballaststoff. Doch mancher wird über Verdauungsbeschwerden klagen, wenn der zynische Zuckerguss durchsichtig wird, mit dem die Falten der andalusischen Seele zugekleistert werden sollten.

Die Begegnung mit Andalusien sollte sich nicht auf Maurenmythos und Strandbank beschränken. Al-Andalus steckt so wenig im Kaftan oder im Bikini wie Deutschland in der Leder- oder Latzhose. Tatsächlich ist der Südzipfel Spaniens gerade ein Land, das seit jeher die Kleider der Klischees als luftige Masken getragen hat. In Andalusien spielt man das Andalusische als Theater. José Ortega y Gasset beobachtete in seiner berühmten Landesbeschreibung dieses Phänomen so: „Dem Andalusier gefällt es, sich dem Fremden als ein Schaustück darzustellen, und er geht darin soweit, dass sich der Reisende in Sevilla dem Eindruck nicht entziehen kann, als wirkten alle ihre Bürger in der Rolle von Statisten bei der Aufführung eines an den Litfaßsäulen unter dem Titel ‚Sevilla' angezeigten prächtigen Balletts."

Rainer Fabian beschreibt diese eigenartige Mischung aus Theatralik und Identität, aus Ritus und Geborgenheit am Beispiel der Advokatenfamilie Mendenez, die zur Prozession der Semana Santa gehen. Das Inszenatorische der religiösen Tradition enthüllt dem Leser die Kapuze der andalusischen Kultur auf eine besonders subtile Weise. Man erfährt vordergründig vieles von der Folklore und dem so speziellen Oster-Ritus der Andalusier, zugleich begreift man aber auch die tiefe Bedeutung des Satzes: „No hay otro yo en el mundo". Es gibt kein anders Ich auf der Welt.

Was Rainer Fabian in der Prozession beobachtet, das versucht Christiane Goetz-Weimer in den Spuren der andalusischen Geschichte zu lesen. Gibt es das

Andalusische? Was ist es? Was bedeutet es ein Land zu sein, über das die Gezeiten der Historie so wechselhaft hin- und herbranden? Wo wurde der Mythos des Theatralischen geprägt? Denn der tradierte Kollektivnarzissmus ist kein Selbstzweck, sondern – wie Goetz-Weimer skizziert – historisch erlernte Überlebensmethode. Indem sich die andalusische Kultur übertrieben ausstellt, verbirgt sie sich; sie lässt sich bereitwillig vereinnahmen und erobern – dadurch überlebt sie. Offenheit und Anpassungsgabe, von Kritikern als Identitätslosigkeit gebrandmarkt, ist vielleicht das einzig bleibende Moment im vielgestaltigen al-Andalus.

Die andalusische Natur liefert das Vorbild dieser Lebenshaltung, vereinigt sie doch alle Klimate, vom alpinen bis zum tropischen, auf engstem Raum. Der Boden bringt alle Produkte hervor: Bambus, Bananen und Baumwolle, Weizen und Wein, Oliven und Oleander, Disteln und Datteln. Und ebenso wechselvoll wie Topografie, Klima und Vegetation verlief die Geschichte Andalusiens. Anpassung und Veränderung, Wandel und Wechsel sind so selbstverständlich, dass Andalusier noch gelassener wirken als andere Südländer. Nordspanier werfen den Andalusiern diesen Gleichmut, der angeblich durch arabische Schicksalsergebenheit noch verstärkt wurde, als Gleichgültigkeit vor, als Willenlosigkeit. Felipe González, legendärer Ex-Ministerpräsident aus Andalusien, bestätigt dieses Bild: „Ich glaube, dass die Andalusier aus dem Orient den Fatalismus geerbt haben. Einen Fatalismus, der sie das Morgen vergessen lässt, der ihnen die Gegenwart ins Zentrum ihres Lebens rückt und ihnen Weisheit gibt. Ich weiß nicht, ob die Andalusier weise oder resigniert sind."

Das existenzialistische „Para qué?" – Wozu? – als Lebensprinzip bleibt jedoch ein verschlüsseltes Etikett. Für José Ortega y Gasset verbirgt sich dahinter ein „vegetatives Daseinsideal", womit er die angebliche Faulheit des Andalusiers meint: „Die berühmte Muße des Andalusiers ist die Form seiner Kultur, um das Problem des Daseins zu lösen. Dafür gibt es zwei verschiedene Methoden. Wenn wir dem Leben ein Maximum an Intensität geben wollen, wird die Gleichung einen maximalen Kraftaufwand erfordern. Beschränken wir uns aber von vornherein auf ein vitales Minimum, so werden wir mit kleinster Mühe zu einer Lösung gelangen, die derjenigen des aktiven Volkes an Vollkommenheit nicht nachsteht. Das ist der Fall der Andalusier, die im Hauptbuch ihres Daseins lieber das Soll vermindern als das Haben mehren.“ Für Ortega y Gasset verhält sich der Andalusier wie eine verwöhnte andalusische Pflanze – so passiv wie möglich. Das milde Klima habe ihn zum Müßiggänger geformt: „Aber der Andalusier hat an die viertausend Jahre gefaulenzt, und er befindet sich nicht schlecht dabei.“

Tatsächlich sind Andalusier erstaunlich friedlich und gelassen. Die Geringachtung des Krieges hat sie zur leichten Beute aller Eindringlinge, von völkerwandernden Germanenheeren bis zu rollenden Touristenkarawanen, gemacht – und das stets in Windeseile und widerstandslos. Ortegas fauler Andalusier, wenn es ihn denn je gegeben hat, kann sein Image auch heute nicht abschütteln. Dabei hat das Land die Jahrhunderte lange Armut endlich überwunden.

Das Volk von Tagelöhnern, Feldarbeitern und Söldnern, die Enkel der Gastarbeiter, die nur im Norden ihr Glück finden konnten, sie sind wohlhabend geworden – jedenfalls so wohlhabend wie keine Generation Andalusier zuvor. Der touristische Goldrausch an der Küste, der Modernisierungsschub in den Städten, die Bildungsrevolution auf dem Lande – kurzum die Europäisierung Andalusiens der vergangenen 30 Jahre war wirkmächtiger und erfolgreicher als manche Reconquista in den Jahrhunderten zuvor.

Nirgends wird das deutlicher als an der Costa del Sol, wo reiche Nordeuropäer und Araber eine touristische Postmoderne geschaffen haben, die ihresgleichen sucht. Der Küstenstreifen hat sich binnen 50 Jahren stärker verändert als in den 5000 Jahren zuvor. Zwischen Golfplätzen und Ferienanlagen, neben Yachthäfen und Hotelresorts hat sich hypertrophes Bewusstsein kommerzieller Internationalität eingenistet, das an Enklaven erinnert. Gekrönt wird dieses Phänomen durch eine echte Enklave, durch Gibraltar. Dort hat sich Axel Arens umgesehen, und zwar ganz genau. Er beschreibt das Leben und Leben lassen auf der britischen Affeninsel als eine schräge Karawanserei. Aber er spürt auch den Sehnsüchten des Ortes nach, der vielleicht nie mehr als eine Sehnsucht gewesen ist. Richard, der Leuchtturmwärter, hat jedenfalls seine eigene Theorie darüber.

Das blaue Meer und die blumige Maurenkultur sind eben nur zwei Steinchen im ganzen Andalusienmosaik. Die Steine des Tourismus schillern, auch wenn die Bausünden an der Costa del Sol aus einer herrlichen Buchtenküste zuweilen ein Getto des industriellen Massentourismus geschaffen haben. Doch der Küstenstreifen um Malaga ist nur scheinbar exterritoriales Tourismusgebiet. In Wahrheit haben die klugen Andalusier den Fremden mal wieder Bühnen gebaut, um sich selber zu belohnen. Arabische Milliardäre und internationaler Jetset mögen sich auf den Küsten-Golfplätzen tummeln, skandinavische Surferfreaks in Tarifa den Sonnenbrand holen und in Jerez de la Frontera darf der hohe Sherry-Adel die Einweihung eines neuen Yachthafens feiern. Doch die Andalusier fühlen sich dabei nicht wie Platzanweiser eines fremden Spektakels, sondern wie Opernintendanten der schönsten Bühnen der Welt. Ihrer eigenen nämlich.

In Jerez wird das auf besondere Weise deutlich. Denn hier vereinigt sich das theatralisch-kommerzielle Element mit einer besonderen Stilisierung der Natur. Die tanzenden Pferde von Jerez verkörpern diesen Willen nach Form und Tradition. Ingrit Seibert beschreibt dieses Mysterium minutiös und journalistisch. Der Schriftsteller Rafael Alberti entschlüsselt uns die Signatur des gleichen Ortes am Beispiel des Sherrys. Und er tut es mit literarischem Blick auf seinen Vater, der mit dem Sherryhandel groß und zugleich vernichtet wurde.

Der Nationaldichter Federico García Lorca hat diese Eigenart des Stirb und Werde nicht nur beschrieben, er hat es gelebt, und ist am Ende dafür sogar gestorben. Das dramatische Schicksal des „andalusischen Hundes", der nicht nur von seinem Freund Salvador Dalí, sondern vom Leben verraten wurde, beschreibt Alois Weimer in seinem Literatenporträt. Von Lorca selber kann man in diesem Band die „Elegie an Johanna die Wahnsinnige" lesen, deren Leben sich wie eine Paraphrase auf Lorcas Leiden liest. Johanna ist mit ihren Eltern, den katholischen Königen Ferdinand und Isabella in Granada begraben, wo der Wahnsinn und die Wunder, das Schöne und das Tragische ohnedies verheiratet sind. Denn Granada ist mehr als die Alhambra, wie uns Hans-Jürgen Heise und Annemarie Zornack lebhaft berichten, wenn sie auf den Spuren des Flamencos durch die Bars der Stadt ziehen.

Aus der Perspektive des eigentlichen Andalusiens ernüchtert sich die Maurenbegeisterung. Was ist denn tatsächlich geblieben von der „ach so großen" Araberepoche? Eine Handvoll Bauwerke, toter Stein, hier und da ein Ortsname und das Bündel Geschichten, das sich Geschichte nennt. Anstatt der historischen Kontinuität ist der Bruch markant: Die Mauren wurden samt und sonders vertrieben, Christen aus dem Norden neu angesiedelt, ein radikaler Kultur- und Religionsaustausch fegte über andalusischen Boden, und es blieb der Mythos. Das maurische Spanien gibt es nicht wirklich. Sogar die Reconquista stellt kein andalusisches Spezifikum dar. Fast alle historischen Regionen Spaniens sind letztlich Produkte der großen Wiedereroberung. Die maurische Vergangenheit ist eine Vertriebene, Überwundene und keine Präsente oder

Erwünschte. Es ist ein nord-europäisch-protestantisches Missverständnis, Andalusien eine maurische Tiefenpsychologie zuzuschreiben. Andalusien ist zutiefst katholisch, kulturbewusst und islamkritisch – lange übrigens bevor Islamisten begonnen haben, auf westliche Ziele Bomben zu werfen. Das spanische Andalusien kennt den Kampf der Kulturen seit Jahrhunderten, es ist aus ihm hervorgegangen, aber gerade nicht mit der falschen Heroisierung arabischer Politik. Die Araber werden von Andalusiern rückblickend als Eroberer, Unterdrücker, Tyrannen und Christenverfolger betrachtet. In Hunderten von Ortsfesten wird vor allem eines gefeiert: der Sieg über die Jahrtausendfeinde aus Arabien. In Córdoba wird noch immer und immer wieder die traurige Geschichte von christlichen Sklaven erzählt, die die Glocken der Pilgerkirche von Santiago de Compostela durch ganz Spanien schleppen mussten, um sie in Córdoba zu muselmanischen Lampen umzuschmelzen, und hernach umgebracht wurden. Anders als es nordeuropäische Klischees gerne hätten, gilt den Spaniern die Maurenzeit nicht so sehr als Blütezeit der Kultur und Toleranz. Schon Heinrich Heine hat die Gewalt der tragischen Beziehung in seinem Córdoba-Gedicht „Almansor“ wunderbar beschrieben. Und Córdoba selber ist heute zu verschlafen, um Rollenbild für irgendetwas zu sein. Andrea Freund hat sich auf einfühlsame Spaziergänge durch die mittags-schlafende Stadt begeben und empfiehlt: Sei leise, wenn Du nach Córdoba kommst.

Das typisch Andalusische ist daher zum typisch Allgemeinspanischen avanciert. Die Elemente der andalusischen Volkskultur haben keine regionalen Spezifika mehr. Der Flamenco wird weltweit als „typisch spanisch“ erkannt, was man vom katalanischen Nationaltanz Sardana oder von der galizischen Dudelsackmusik „gaita“ nicht behaupten kann. Es hat daher keinen Sinn, das Andalusische und das Spanische spitzfindig zu unterscheiden. Die Typologie Andalusien ist die

Nicht-Typologie. Daraus erklärt sich der ungewöhnliche Erfolg andalusischer Politiker in Madrid – sie sind konsensfähig im doppelten Sinne des Programmatischen und Pragmatischen. Andalusien hat der Zentralstaatsidee traditionell wenig Widerstand entgegengesetzt und durch die historisch erlernte Anpassungsfähigkeit heute mehr politischen Einfluss, als der Region eigentlich gebührt. Die pragmatischen Andalusier besetzen im politischen Madrid auffallend viele Schlüsselstellen.

Das liegt auch daran, dass Andalusien bei der Überwindung des Franco-Regimes und beim Aufbruch in die Demokratie eine Schlüsselrolle spielte. Hier brach die Landarbeiterbewegung auf, hier sammelte Felipe Gonzalez seine Gefolgsleute, hier entstand eine Demokratiebewegung, die nicht sofort den Ruch des Separatismus an sich hatte. Wie heikel der demokratische Aufbruch gegen Großgrundbesitzer und Francos Erbe gerade im konservativen Andalusien gewesen ist, wird bei der Lektüre der Kurzgeschichte von Hans Magnus Enzensberger klar. Denn er erzählt nur eine kurze Abendessenbegegnung in Andalusien und doch entlarvt er dabei die tiefe Spaltung der andalusischen Gesellschaft zum Start ins demokratische Zeitalter.

Dieser Hintergrund macht zugleich deutlich, warum so viele Andalusier den modernen Tourismus insgeheim wie den historischen Abschlusserfolg bei der eigenen Europäisierung betrachten.

Nicht umsonst ist die südlichste Region Spaniens zugleich dessen meistbesuchte. Es locken schließlich 320 Sonnentage im Jahr, es locken die noch immer herrlichen Badestrände, das angenehmste Klima Europas und eine komfortable touristische Infrastruktur. Andalusien kann mit der spektakulärsten Topografie des europäischen Kontinents aufwarten: Hochgebirge, Wüste, Meere, Steppen und grüne Täler wechseln sich auf wenigen Kilometern geradezu filmisch ab. Außerdem kann die größte spanische Provinz einige Superlative vorweisen, die Kunst- und Kulturfreunde aus aller Welt immer wieder begeistern. Für Tausende von Immigranten aus Afrika ist es das Paradies, das gelobte Land, wie Nikolaus Nowak berichtet. Die verzweifelten Bootsflüchtlinge künden davon, dass Andalusiens Geschichte als Ort des Kommens und Gehens weitergeht. Ob man durch die Gassen Córdobas schlendert, durch die Schlucht in Ronda wandert oder die Giralda besteigt. Den aufmerksamen Andalusien-Besucher wird alsbald das unangenehme Gefühl beschleichen, das Geheimnis dieser Region doch nie zu finden. Die andalusische Volksseele bleibt verborgen. Der Fremde kann nicht fündig werden, „porque no lo lleva en la sangre" – weil er sie nicht im Blut trägt ...

Christiane Goetz-Weimer
Im Rampenlicht der Weltgeschichte

Andalusien ist ein brodelnder Theaterkessel. Nirgendwo sind die Regisseure internationaler, nirgendwo werden die Stücke schneller wieder vom Programm gesetzt. Nur die Statisten sind immer die Einheimischen. Auf andalusischer Bühne agieren nicht nur Figaro, Carmen und Don Jose – hier malt auch der Urzeitjäger seine magisch beschwörenden Tierbilder an Höhlenwände in Pileta; hier segeln die Tarschischboote der Bibel, vollgeladen mit dem Bernstein und Zinn des Nordens, ins Mittelmeer; hier raufen sich Römer und Karthager um eine der ertragreichsten Kornkammern des Abendlandes. An der Kreuzung der Verbindungslinien zwischen Atlantik und Mittelmeer, zwischen Afrika und Europa, da wo sich Orient und Okzident bunt schillernd mischen, sind die Menschen beim Gang durch die Jahrhunderte in immer neue Rollen geschlüpft: Sie lernten, sich anzupassen an wechselnde Schübe erobernder oder einfach nur durchziehender Völker und Kolonisatoren, wie andersartig die Fremden auch waren.

Zum bekanntesten und trotzdem auch heute noch mythenumwobenen Akt wurde dabei das Gastspiel der Mauren, das acht Jahrhunderte dauern sollte. Einiges wird bis heute fest im Repertoire mitgeschleppt: Da döste einst der Söldner, aus Augusta Treverorum hierher versetzt und am Stadttor zur Wache eingeteilt, genauso in der Mittagshitze wie jetzt die Guardia Civil im verträumten Hügelörtchen. Eines aber ist ganz anders geworden: Die saisonale Invasion ganzer Völkerscharen, per Charter und in Blechkarawane. Nur gut, dass die Touristen von heute weniger Eroberungsdrang in sich verspüren als die Eindringlinge von damals.

Bis heute werden die besten Kampfstiere Spaniens in der Gegend um Cádiz aufgezogen. Zu allen Zeiten waren ausländische Händler und Geschäftsleute am südlichen Spanienzipfel stark engagiert. Als erste kamen die Phönizier über das Mittelmeer, um sich an den Schätzen des sagenumwobenen Tartesser-Reichs zu bereichern, das sie an der Mündung des Guadalquivir vermuteten. 100 Jahre später, um 1100 v. Chr., gründeten die Phönizier in der Nähe die Stadt Gadir, das heutige Cádiz. Tartessos, das für Platon mit Atlantis identisch ist, beschreibt schon die Bibel als Ort, an dem ein besonders reger Handel mit verschiedenen Metallen stattfinde. Anders als in dem heute industriell rückständigen Gebiet konnten die Könige des damaligen Reiches stolz sein auf ihren technologischen Vorsprung vor den Völkern des östlichen Mittelmeerraumes und Vorderasiens: Sie produzierten und vertrieben Bronze und hüteten lange ihr Geheimnis der Legierung aus Zinn und Kupfer. Die heutige Provinz Huelva birgt noch immer große Erzvorkommen. Bis in phönizische Siedlungen römische Veteranen zogen und die Römer die „Süderweiterung" ihres Europa-Imperiums kraftvoll dokumentieren konnten, kam es zu Kriegen mit den Karthagern, Hassschwüren und einer Elefantenrunde: Im zweiten Punischen Krieg zog Hannibal 218 v. Chr. mit den Dickhäutern über die Alpen und wurde schließlich doch von seinem römischen Gegenspieler Scipio aufgehalten.

Mit der Entscheidung um die römische Vorherrschaft im Mittelmeerraum übernahmen unter den zahlreichen Besetzern und Eroberern jene die Regie, die das Drehbuch des andalusischen Historien-Epos bis heute am nachhaltigsten bestimmt haben. Im Zuge von Gebietsreformen entstand jetzt die Provinz Baetica (benannt nach dem Fluss Betis, den die Araber dann Guadalquivir tauften), die in ihren Grenzen bis heute etwa denen Andalusiens entspricht. Allerdings war Baetica nicht nur die am stärksten romanisierte, sondern auch wirtschaftlich bedeutendste Provinz der Iberischen Halbinsel. Schon damals wurden hier vor allem Weizen, Oliven und Wein angebaut, schon damals wurde vor allem nach Mitteleuropa exportiert; der Transport rollte über ein gerade erst angelegtes und weitverzweigtes Straßennetz. Die städtische Lebensform war in der Baetica stärker ausgeprägt als im übrigen Hispanien und führte zu einer kulturellen Blüte. Der Philosoph Seneca etwa stammte aus der im 2. Jahrhundert v. Chr. gegründeten Hauptstadt Córdoba.

Anders als unter den meisten übrigen Herrschern waren die Andalusier diesmal nicht nur Zuschauer, sondern machten selber Geschichte: Die Baetica war nicht nur in der hispanischen „Lobby" in Rom besonders stark vertreten, Männer aus der gerade erst gegründeten Stadt Itálica bei Sevilla wurden sogar zu Herrschern des Weltreichs – Trajan, Hadrian und Marc Aurel stammten von hier. Auch Theoderich, der im 4. Jahrhundert das Christentum zur Staatsreligion erhob, kam aus Itálica. Ein halbes Jahrtausend lang zog der augusteische Frieden auf der Halbinsel ein. Die „Pax Romana" schuf ein straffes staatliches Gefüge, die römische Gesetzgebung, die römische Sprache und ein römisches Gesellschaftssystem lösten die alte Kultur ab. Eine besonders geschickte Taktik wandten die Römer an, um Aufständen der Einheimischen vorzubeugen: Sie verheirateten sich mit Frauen der Iberischen Halbinsel. Dieses Sesshaftwerden ausgedienter Militärs hatte allerdings einen gravierenden Nachteil. Der Großgrundbesitz, den sie als Lohn ihrer Dienste erhielten, prägt 2000 Jahre später immer noch die landwirtschaftliche Struktur des Südens.

Für die landhungrigen Germanenstämme, die mit ihren Heeren durch Europa stoben, wurde der Küstenstreifen am Westausgang des Mittelmeeres zum begehrten Raubziel am Ende eines Weges, der von Norden über die Pyrenäen führte. Zuerst fielen alemannische Sueben, Vandalen und Alanen auf der Iberischen Halbinsel ein. Zwar zog es die Vandalen unter ihrem Heerkönig Geiserich bald weiter nach Nordafrika, doch gaben sie Andalusien den Namen: „Al-Andalus“, Land der Vandalen. So jedenfalls nannten die Berber das Gebiet jenseits der Meerenge. Dauerhafter etablierten sich da schon die Westgoten; zuerst wurde Sevilla Hauptstadt, dann verlegten sie die Königsresidenz nach Toledo.

Der Mann, der von den etwas farblosen Westgotenkönigen mit ihren germanischen Namen, von Witerich, Gundemar und anderen berichtet hat, war selbst kein Gote, sondern ein Hispano-Romane. Der schillernde Kirchenlehrer und Erzbischof Isidor von Sevilla wurde zur herausragenden Gestalt des westgotischen Zwischenspiels. Er hinterließ ein umfassendes Werk, das den zeitgenössischen Wissensstand von Religion, Philosophie und Kultur zusammenfasste, und er hinterließ einen Hass auf die seit der Römerzeit in Spanien siedelnden Juden, die er verfolgen ließ. Weswegen auch immer, vielleicht aus einer Mischung dieser Gründe, wurde er später heiliggesprochen und viele Kirchen in Andalusien sind nach ihm benannt. Die westgotischen Herrscher kamen und gingen (kaum einer starb eines natürlichen Todes), das Reich wurde von dynastischen Streitigkeiten geschüttelt, am wirksamsten blieb sein Zusammenbruch unter dem Ansturm der Mauren und blieb die Königsidee. Die monarchische Regierungsform ist seitdem die stabile Konstante auch wechselvoller Jahrhunderte.

Von der Uneinigkeit der Westgoten profitierten die Mauren und die Historiografen, deren Andalusienerzählungen nur das Kapitel orientalischer Mythos kennen, ebenso wie die Touristikbranche mit ihrem Kult um Spuren der Araber-Herrschaft auf europäischem Boden. Mit Liebe und Leidenschaft beginnt das Märchen aus dem Morgenland: Es war im Jahre 711 n. Chr., da stürzte der Statthalter des damals westgotischen Ceuta (das noch heute zu Spanien und nicht etwa zu Nordafrika gehört), Graf Julian, wutschnaubend zum Araberfürsten Tarik-Roderich – der Westgotenkönig habe sich am Hofe in Toledo an seiner Tochter vergangen. Gemeinsam sann man auf Rache. Mit einem Heer von etwa 12 000 Berbern setzte Tarik über die Straße von Gibraltar (das arabische „Berg des Tarik" wurde zu Gibraltar), aus der Schlacht von Jerez de la Frontera gingen die Araber als neue Beherrscher Andalusiens hervor. Über dem Sonnenstaat ging der Halbmond auf und überzog für lange Zeit fast die ganze Iberische Halbinsel. Im Zenit stand er jedoch über Andalusien und hier – das heißt in einem Teil der Region – konnte er sich rund 250 Jahre länger halten als im übrigen Spanien. Die Berber aus dem Atlasgebirge, die die Araber das Beten zu Allah gelehrt hatten, nannte man Mauren nach der ehemaligen römischen Provinz Mauretania, von der auch Marokko seinen Namen hat. Da sie die Araber im Laufe der Zeit an Zahl und Bedeutung überflügelten, ist die arabische Einlage im iberischen Bühnenstück des Welttheaters „maurisches Spanien" betitelt worden.

Die maurische Invasion wurde von der offenen oder zumindest passiven Komplizenschaft der einheimischen Bevölkerung gegen die westgotische Herrschaft unterstützt, war den vorwärtsstürmenden Arabern doch der Ruf ihrer Toleranz vorangeeilt. Geld oder Glaube hatten sie auf ihre Fahnen geschrieben und zunächst jedem Juden und Christen die freie Religionsausübung gewährt, wenn, ja, wenn er dafür ein steuerliches Entgelt leisten konnte. Mit einer Tributzahlung blieben bei freiwilliger Kapitulation auch die Städte und Gebiete autonom und konnte der einzelne seine Besitztümer behalten. Die klassischen Rundbögen des römischen Baustils gingen ziemlich reibungslos in die Hufeisen-und Spitzbogenform über, die von da ab Paläste und Burgen, christliche Kirchen und islamische Moscheen schmücken sollten.

Die Mauren organisierten ihre Herrschaft mit einem geschickten Mix aus Unterdrückung, Ausbeutung und Beteiligung. Mal gönnte man Freiheiten und proklamierte Toleranz, wenn es dem Machterhalt auf fremdem Territorium diente. Mal versklavte man wieder ein paar Tausend, wenn sich Widerstand regte. Die zivilisatorische Überlegenheit schuf die Basis für Machterhalt auf europäischem Boden. So förderten die Mauren Naturwissenschaften und Technik. In Andalusien wurden die ersten Apotheken Europas eröffnet. Der Einfluss der maurischen Mathematiker und Astronomen, Botaniker, Geografen und Historiker prägte die entstehenden europäischen Fakultäten nachhaltig. Erst im 14. Jahrhundert konnte das christliche Europa den Vorsprung der Moslems einholen. Der wissenschaftliche Durchbruch kam mit dem aus Córdoba stammenden islamischen Philosophen, Arzt und Rechtsgelehrten Averroes. Er trennte Wissenschaft und Philosophie von der Theologie, ging von einer unabhängigen Wissenschaft und damit von einer jedwedem göttlichen Wesen gegenüber eigenständigen weltlichen Gesellschaft aus. Averroes war oberster Kadi im Kalifat Córdoba, der bevölkerungsreichsten Stadt im westlichen Europa, die zu ihrer Blüte das geistige Zentrum des Kontinents war.

Bis das Kalifat 1031 wegen innerer Zwistigkeiten in einzelne sich bekämpfende Kleinkönigreiche, taifas, auseinanderfiel, fiel auch viel vom muselmanischen Glanz der Toleranz. Erst eroberte der kriegsbesessene al-Mansur Santiago de Compostela weitab in Galizien und ließ die Glocken des zerstörten Doms in Córdobas Mezquita als Lampen aufhängen. Dann befahl al-Mutadid als Herrscher von Sevilla, die Schädel seiner ermordeten Feinde anzumalen und als Blumentöpfe aufzustellen.

Immer wieder hatten christliche Reiterheere, von Norden kommend, die Mauern maurischer Macht einzureißen versucht. Doch erst als sich die Königreiche Aragón, Kastilien und León zusammentaten, konnte nach der siegreichen Schlacht von Navas de Tolosa 1212 ein erstmals vereintes christliches Heer den Eingang in die andalusische Tiefebene erzwingen. Die vielen maurischen Alcázare, die heute so pittoresk das Landschaftsbild prägen, zeigen, wie hart in al-Andalus im Verlauf der christlichen Reconquista gekämpft worden ist. Der Tourist wird im Europa der offenen Grenzen durch Ortsnamen mit dem Zusatz „de la Frontera" immer wieder daran erinnert, wie oft sich in den acht Jahrhunderte währenden Auseinandersetzungen die Grenzen zwischen dem islamisch besetzten und dem christlichen Teil Spaniens verschoben haben.

Nach der Entscheidungsschlacht von Navas de Tolosa wurde das Königreich Granada, das sich von Sevilla bis Almería und von Jaén bis zum Mittelmeer erstreckte, für 250 Jahre Zuflucht der Mauren. Hier erlebten noch einmal alle maurischen Künste eine Hochphase. Die Alhambra wurde gebaut und hat sich zur bis heute meist besuchten Attraktion Spaniens entwickelt. Den vielen Theatermasken Andalusiens wurde zu diesem Auftritt eine neue hinzugefügt: der Januskopf. Von der Mitte des 13. bis Ende des 15. Jahrhunderts war Andalusien zweigeteilt, in einen christlichen West- und einen mohammedanischen Ostteil – dann mussten die maurischen Herrscher ganz von der spanischen Bühne abtreten. Als auch noch die Türken in den Mittelmeerraum stürmten, verstärkten die christlichen Reiterheere ihre Angriffe aus Angst, das kleine Königreich könne den bedrohlichen Osmanen als Brückenpfeiler dienen.

Am 2. Januar 1492 war es dann soweit, der letzte Maurenkönig, Boabdil, musste Granada räumen. Die

Stelle – auf einer Anhöhe in Richtung Motril gelegen –, von der er einen letzten Blick auf Granada geworfen haben soll, heißt noch heute „Suspiro del Moro", Seufzer des Mauren. Seine Mutter Aischa soll ihn verspottet haben: „Weine nicht wie ein Weib, da du nicht kämpfen mochtest wie ein Mann." Männlichkeit hin, Heldentat her, dass in Granada mehr Historisches zu bestaunen ist als anderswo, verdankt der Spanienbesucher Boabdil, der Granada den katholischen Königen Isabella von Kastilien und Ferdinand von Aragón kampflos übergeben hat. Zuvor hatten diese die beiden Königshäuser durch Heirat in Personalunion verbunden und damit den Grundstein zum vereinigten Spanien gelegt. Zu einer politischen Einheit kam es allerdings nicht.

Nach der christlichen „Wieder"-Eroberung wurde das maurische Imperium als „Königreich von Granada" der kastilischen Krone unterstellt und durch Isabella von Norden aus regiert. Damit war das Gebiet des heutigen Andalusien in vier „Königreiche" unterteilt: Sevilla, Córdoba, Jaén und Granada. Der Region fehlte die politische und administrative Eigenständigkeit, die Einwohner wurden einmal mehr zu Statisten, die ihre Regie-Anweisungen von anderswo erhielten. Seit dem endgültigen Sieg über die Mauren Ende des 15. Jahrhunderts war der Nebenschauplatz al-Andalus viel stärker mit dem Geschehen auf der kastilischen Hauptbühne verzahnt als die unter der Krone von Aragón regierten Königreiche, die bis zum Beginn des 18. Jahrhunderts eine ungleich größere Unabhängigkeit behielten. Der maurischen Bevölkerung war von den „Katholischen Königen" zunächst die freie Ausübung ihrer Religion garantiert worden. Nachdem die Konflikte zwischen christlichen Eroberern und islamischer Bevölkerungsmehrheit sich aber schnell zugespitzt und zu immer neuen Aufständen geführt hatten, flohen Hunderttausende von Muselmanen nach Nordafrika. Unter dem Druck zunehmender Verbote waren bis zu Beginn des 17. Jahrhunderts alle Mauren endgültig vertrieben.

Schon unter Isabella und Ferdinand hat die Ausweisung der Juden insbesondere in den Städten zur wirtschaftlichen Krise geführt; mit der Vertreibung der Mohammedaner fügten sie der Landwirtschaft gravierenden Schaden zu. Die Konsequenzen dieser Politik, Spanien im Glauben zu vereinheitlichen, zeigten sich sehr bald in einer finanziellen Krise der Krone und dem zeitweiligen Zusammenbruch des kastilisch-andalusischen Getreidemarktes.

Vor diesem Hintergrund sozialer Not, demografischer Umwälzungen und religiösen Drucks, von dem Spanien im Übergang vom 15. zum 16. Jahrhundert erschüttert wurde, entspann sich nun das amerikanische Abenteuer Kastiliens. Während vor Granada die Reconquista zu Ende ging, entrollte die Dramaturgie der spanischen Geschichtsschreibung den Beginn der Conquista, die Entdeckung und Eroberung überseeischer Ländereien. Der Nationalheilige Santiago, der den christlichen Streitern schon im Kampf gegen die Ungläubigen auf eigenem Boden als „Matamoro" (Maurentöter) Hilfe geleistet hatte, sollte nun jenseits des Atlantiks zum „Mataindio" (Indiotöter) werden.

Mit der Entdeckung Amerikas durch den Genuesen Kolumbus richtete sich das Rampenlicht der Alten und der Neuen Welt auf den Schauplatz Andalusien, weil Sevilla und die vorgelagerten Häfen Cádiz und Sanlúcar de Barrameda die exklusiven Abfahrts- und Ankunftspunkte des Schiffsverkehrs mit dem neu entdeckten Kontinent wurden. Die günstigen Windverhältnisse erfreuten damals die Seefahrer wie heute den sonnenanbetenden Touristen, der nicht zuletzt wegen dieser luftigen Erfrischung immer wieder ins südliche Spanien reist. Durch die schon 1503 gegründete Handelskammer „Casa de la Contratación" – das heutige „Archivo de las Indias" – erhielt Sevilla das Monopol für die Ausbeutung Amerikas. Bis 1660 wurden offiziell allein 185 Tonnen Gold und 1700 Tonnen Silber aus den Kolonien über das große Meer geschippert – ein Fünftel davon ging an das Königshaus. Symbol dieses Reichtums, den die „Silberflotten“ unaufhörlich über den Atlantik und den Guadalquivir hinauf nach Sevilla, in das Mekka des Handels, segelten, ist der Goldturm am Ufer dieses Flusses. Der Historiker Juán Antonio Lacomba nennt das Sevilla des 16. und 17. Jahrhunderts die „Hauptstadt der Welt, es war der Platz, an dem alles, was es in der Welt gab – in guter wie in schlechter Hinsicht –, zusammentraf“. Nur: Das Gute ging, das Schlechte blieb; zwar wurden die landwirtschaftlichen Produkte (Wein, Öl und Essig) im Tauschhandel mit Übersee überwiegend aus Andalusien geliefert, die gewinnbringenden handwerklichen und industriellen Güter wurden aber vor allem aus dem restlichen Spanien und dem übrigen Europa importiert. Und ins Ausland gingen auch die Schätze an amerikanischem Silber und Gold. Irgendwie managten es die Geldwechsler und Bankiers, das Handelsverbot zu umgehen – jedenfalls verschoben sie die Waren zwischen den Kontinenten, ohne dass an Ort und Stelle viele Gewinne übrig geblieben wären. Für die Mehrzahl der in Andalusien verladenen Produkte fungierte die Region nur als Durchgangsstation. Was Sevilla blieb, waren Eifersüchteleien der Nachbarstädte, die sich vor allem in den östlichen Teilen Andalusiens bis heute erhalten haben. Das Außenhandelsdefizit und das Desinteresse der Großgrundbesitzer, die überwiegend von steuerlichen Abgaben befreit waren, verhinderten den Aufbau von Industrien und Betrieben. Damals wurden die Weichen zur wirtschaftlichen Rückständigkeit Andalusiens gestellt. Der Zufluss an Reichtum blieb so ökonomisch ungenutzt, die Illusion eines schier unerschöpflichen Edelmetallvorkommens in Amerika führte zu einer Entwertung des Geldes und frühzeitig zum allmählichen Abbau der soeben erst errungenen Weltmachtstellung.

Als die Tochter der Katholischen Könige, Johanna die Wahnsinnige, sich mit Philipp dem Schönen vermählte, bekamen die Habsburger Spanien als Mitgift. Hauptschauplatz ihrer Machtpolitik wurde der Norden, Philipp II. wählte Madrid zur festen Hauptstadt. Im Dickicht des politischen und wirtschaftlichen Niedergangs trieb nun die Kunst ihre schönsten Blüten – auf der Bühne des 17. Jahrhunderts entwickelte sich das Thema „Goldenes Zeitalter" in verschiedenen Variationen, bei allerdings immer gleicher Rollenverteilung: Die Meister der Malerei und Bildhauerei sind von Velázquez bis zur Roldán-Familie die andalusischen Einheimischen, ihre Mäzene von Karl V. bis zu den vier Felipes die Beherrscher aus dem Norden. Auch die ihnen nachfolgenden Bourbonen, wie Philipp V. und Karl III., gefielen sich als Förderer und Bauherren. Die habsburgische Fremdherrschaft hatte 1700 mit dem Tod Carlos II. geendet und im Erbfolgekrieg nach einem 14 Jahre eskalierenden Gerangel um den spanischen Thron schließlich mit den französischen Bourbonen erneut eine ausländische Dynastie installiert. Die Engländer, die ihr Ziel verfehlt hatten, gingen mit einem Trostpreis aus dem Rennen, der ihnen bis heute Ordnungsrufe einbringt: Gibraltar.

Bis aber der freiheitlich-fortschrittliche Geist angelsächsischer Prägung in Andalusien einziehen sollte, verstrich ein weiteres Jahrhundert. Noch während des Befreiungskampfes gegen Napoleon verabschiedeten die aus Madrid geflohenen liberal-fortschrittlichen Parlamentarier 1812 in Cádiz die erste liberale Verfassung Spaniens. Die willkürliche Gerichtsbarkeit auf den Latifundien wurde aufgehoben, statt dessen die Gewaltenteilung eingeführt; die Presse- und Meinungsfreiheit wurde gewährt, die Zensur stark eingeschränkt; die Inquisition wurde abgeschafft. Nur zwei Jahre später kehrte der Bourbone Ferdinand VII. nach dem Krieg aus dem Exil zurück, schaffte die Verfassung wieder ab und ließ die Initiatoren hängen.

Spontane Aufstände waren im Andalusien des 19. Jahrhunderts an der Tagesordnung, es ging hin und her, mal mit, mal ohne Verfassung, mal liberaler, mal konservativer. Das alles führte zu sieben Verfassungen und 1873 für ein Jahr zur ersten Republik. Die Revolution von 1868 ging als „La Gloriosa", die Ruhmreiche, in die Geschichte ein. Sie bewirkte den Sturz der Königin Isabella II. und ein wachsendes Selbstbewusstsein der Landarbeiter, die erneut eine gerechtere Bodenverteilung forderten. Die Großgrundbesitzer kümmerte dies wenig, sie ließen ihren Boden zumeist nicht einmal intensiv bewirtschaften, benutzten Teile davon nur für die Jagd. Neuen Ideen gegenüber wenig aufgeschlossen, investierte auch das andalusische Unternehmertum weniger in Betriebe als in Landbesitz. Dabei waren die Voraussetzungen für einen Ausbau der Industrie nicht einmal schlecht. In Sevilla und Málaga nahm die Eisenproduktion eine führende Rolle ein, die Textilindustrie konnte mit der Barcelonas konkurrieren, vor allem aber gehörten die großen Kupfervorkommen von Rio Tinto in Huelva zu den bedeutendsten der Welt. Statt eines Ausbaus ließen die Andalusier ihre Minen aber veralten oder verkauften die Schürfrechte an ausländische Gesellschaften.

Dem Wirtschaftsimperialismus moderner Prägung wurden Schacht und Fabrikhalle geöffnet, schon 1870 hatten vor allem Engländer, Franzosen und Belgier in diesem Sektor mehr Kapital als Einheimische investiert. Die meisten Eisenbahnlinien wurden von Ausländern gebaut, selbst andalusische Markenzeichen wie die Sherry- und Brandy-Produktion in Jerez wurde von 1880 an mit englischem Kapital und französischem Know-how organisiert. Deutsche Gelder flossen etwa in die „Companía Sevillana de Electricidad", dem größten Elektrizitätsunternehmen in Spaniens Süden.

Die durch soziale Unzufriedenheit angestaute Energie entlud sich immer wieder in spontanen Einzelaktionen, in Andalusien setzten sich anarchistische Konzeptionen durch. Während andernorts die Kommunisten im Bürgerkrieg von 1936 bis 1939 ihre Reihen gegen den vordringenden Franco schlossen, wusste die anarchistische Zersplitterung dem General nichts entgegenzusetzen. Wieder einmal präsentierte sich der spanische Südzipfel als Landesteg für einen aus Nordafrika hervorstoßenden Bezwinger. Erneut erklang der Ruf: „Hay moros en la costa!“ (Mauren an der Küste!), gleichbedeutend mit „Es ist Gefahr im Verzug“, und wieder verzogen sich die Einheimischen auf die hinteren Reihen, statt Gegenkräfte zu mobilisieren. Und auch bei dieser Invasion spielten ausländische Interessen eine bestimmende Rolle, als Francisco Franco gegen die zweite Republik mit deutscher und italienischer Hilfe eine Luftbrücke von Marokko nach Sevilla organisierte. Die Dramaturgie der Diktatur nahm mit 12 000 Söldnern, unter ihnen auch maurische Fremdenlegionäre, ihren Weg von andalusischem Boden in den Norden des Landes. Morón bei Sevilla wurde zum Stützpunkt der nazideutschen Einmischung im spanischen Bürgerkrieg, der Legion Condor.

Auf dem Luftwaffenstützpunkt Morón lösten nach dem Zweiten Weltkrieg amerikanische Einheiten die unterlegenen nationalsozialistischen Truppen ab. Franco taktierte ideologisch wenig voreingenommen, wenn es darum ging, seinen Faschismus aufrechtzuerhalten und dabei gleichzeitig die Quarantäne zu durchbrechen, in die ihn der freiheitliche Westen zur Nachkriegszeit gestoßen hatte. Eine wichtige Rolle fiel in seinem Kalkül dem unter geo-strategischen Gesichtspunkten sehr bedeutenden Andalusien zu; um die Amerikaner für sich einzunehmen, durfte die Weltmacht in Rota bei Cádiz einen riesigen Stützpunkt einrichten. Nicht zuletzt die Dollar-Wirtschaftshilfe in Millionenhöhe trug dazu bei, dass nach der „schwarzen Phase“ im Anschluss an den Bürgerkrieg die spanische Wirtschaft in den sechziger Jahren boomte. Im Rahmen der überregionalen Arbeitsteilung lieferte das schwach industrialisierte Andalusien vor allem Rohstoffe und landwirtschaftliche Produkte. Als Reservoir von Arbeitskräften und Absatzmarkt von Industrieprodukten übernahm Südspanien eine wichtige Funktion für die Entwicklung der nordspanischen Industriezentren: Hunderttausende von Andalusiern emigrierten in die aufblühenden Wirtschaftsräume des Nordens und Westeuropas und brachten damit eine der Hauptstützen des traditionellen Latifundiensystems, das Überangebot von billigen Arbeitskräften, zum Einsturz. Die Großgrundbesitzer mechanisierten; den Kleinbauern blieb wie den Tagelöhnern nur die Emigration oder der Wechsel in die Bauwirtschaft. Bis Mitte der siebziger Jahre sind so über 600 000 Arbeitsplätze verlorengegangen, und trotz der Auswanderung von anderthalb Millionen Andalusiern war die Arbeitslosigkeit auf landesweite Rekordhöhe gestiegen. Wer trotz allem keine Lust hatte, neben der Rolle auch die Bühne zu wechseln, griff in die Requisitenkiste und stieg in Kellnerfrack, Blaumann oder Räubertrench.

Doch dann kam die europäische Revolution. Spanien trat der EU und der Moderne bei. Es flossen Milliarden an Hilfsgeldern in den Südzipfel Europas. Und die Andalusier machten das Beste daraus. Sie bildeten sich wie nie zuvor in ihrer Geschichte, sie bauten wie nie zuvor und öffneten sich wie nie zuvor. Die Folge war ein Wohlstandsschub der Superlative. Fast ohne Übergang ist Andalusien so von einem autoritären Agrarland in eine postindustrielle Dienstleistungsgesellschaft katapultiert. Der Andalusier mit Sense und Esel ist verschwunden. Heute hat er ein Handy in der Hand und fährt Cabrio. Er ist geworden, was er immer war: Europäer.

Andrea Freund

Sei leise, wenn Du nach Córdoba kommst

Córdoba ist eine schlafende Schöne mit Vergangenheit, aber heute liegt sie nur noch da und träumt von gestern. Darum weck' sie nicht, schau' ihr einfach zu, sie ist schön und ein bisschen schwermütig, wenn sie schläft. Jetzt im Sommer döst sie träge im Sonnenschein. Nur morgens, wenn das Ahnen eines kühlen Luftzugs sie wach küsst, rekelt sie sich ein wenig, aber schon am Mittag wird sie wieder müde, alles Leben erstirbt in ihren Straßen. Córdoba hält für ein paar Stunden den Atem an. Die Hitze ist gewaltig und überall.

Wenn du jetzt kommst, fällst du nicht weiter auf. Die Córdobesen überlassen die überhitzte Stadt den Touristen und erfrischen sich an der Costa del Sol. Die, die geblieben sind, erledigen alles, was erledigt werden muss, am Vormittag im moderneren, aber hässlichen Geschäftsviertel, um sich nach zwölf in die kühlen Patios ihrer Häuser im Judenviertel zurückzuziehen.

Hier verschlafen sie gemeinsam mit ihrer Stadt den Nachmittag. Das sagt der betagte Kaufmann, der auf die Siesta nicht verzichtet, obwohl die Geschäfte nicht zum besten stehen. In seinem winzigen Gemischtwarenladen, eingepfercht zwischen zwei Andenkenläden hinter der Mezquita, verkauft er für ein paar Euro die Datteln aus dem eigenen Garten. Sein Häuschen liegt irgendwo draußen, er deutet in Richtung Kühlschrank und zeigt stolz ein Foto seiner Frau vor einem Dattelbaum. Du darfst die Früchte probieren und dann aber raus. Schon halb zwei, höchste Zeit auch für ihn, die Fensterläden zu schließen. Der kleine Laden mit den dicken Felljacken scheint zu florieren, er hat um eins geschlossen. Du hast dich schon letztes Jahr darüber gewundert.

Nur einige beharrliche Geschäfte überdauern sogar mit geöffneten Türen die große Hitze und locken dich mit ziseliertem Silberschmuck, Lederbeuteln und Ledertruhen, beschlagen mit kleinen Nägeln, in allen erdenklichen Größen für Schätze aller Art. Geh' für einen Moment hinein in dieses Sammelsurium und kauf dir einen Fächer. Das ist nicht altmodisch, sondern überaus anregend. Schau dich doch um, die Andalusier lassen ihre Fächer, wo immer es geht, knatternd auseinander fahren. Auf der Straße, an der Bushaltestelle, im Supermarkt, während die Klimaanlage kühle Luft pustet. Lass' dir erklären, dass Frauen zwischen ganz schlichten Modellen und üppigen Varianten mit farbenprächtigen Aufdruck und Spitzenbesatz auswählen müssen, aber sieh' dich um, sie benutzen ihn alle. Alte Männer mit Fächer wirst du nicht treffen, aber die jungen, du kannst sie avantgardistisch nennen, halten einen kleineren, schwarzen ohne viel Zier in der Hand. Und wenn du dich entschieden hast, musst du das Auf- und Zuschlagen des Fächers aus dem Handgelenk üben. Das dauert eine bisschen, auch wenn der Fächer zusehends geschmeidiger wird. Auf keinen Fall darf die linke Hand heimlich den Fächer auseinander ziehen, sie verrät den Touristen in dir.

Draußen in der schmalen Gasse bist du allein. Andere Touristen verlieren sich ziellos im Gewirr der Straßen, von denen noch nicht einmal alle einen Namen tragen. Wo der Himmel an die Dächer der Häuser stößt, ist er nicht mehr tiefblau, sondern milchig weiß, und du hoffst für einen Moment, dahinter, gar nicht weit, liegt das Meer. Aber dahinter schlängelt sich nur der Guadalquivir gemächlich durch die Ebene. Hinter trutzigen Mauern ist der „Große Fluss", wie die Araber ihn nannten, klein. Er führt so wenig Wasser, dass knochige Kühe an seinen Ufern kümmerliches Gras nagen. Die Ruhe verpflichtet. Niemand sagt ein lautes Wort, niemand ruft durch die Stille. Nur ein Motorrad und die Glocken der Kathedrale stören für einen Moment und viel zu lange.

Du suchst nach einem Platz im Schatten der Zypresse, vielleicht in einem Garten, aber der Hof der Mezquita mit seinen Bäumen und Palmen ist noch verriegelt, und die Gärten des Alcázar gegenüber öffnen erst wieder am Abend, obwohl dann schon wieder die Wärme weicht. Córdoba ist keine grüne Stadt. Darüber können auch die ausladenden Blumenkästen der Häuser und die wild bewachsenen vergitterten Balkone nicht hinwegtäuschen. Du sehnst dich nach Kühle, und weil die Eingänge der Häuser, wenn sie nicht von hohen Holztüren verschlossen sind, einen Hauch von Frische auf die staubtrockene Gasse verströmen, trittst du einen Schritt heran. Nur das schmiedeeiserne Gittertor trennt dich noch von dem gekachelten Patio mit den großblättrigen Pflanzen und dem kleinen Springbrunnen in der Mitte, wo du eine Familie beim Nichtstun überraschst. Sie sagen nichts, sie sind dich und deine Blicke gewohnt.

Du hast einen Patio gesehen, aber die anderen kennst du noch lange nicht. Manche der Innenhöfe, wie im Palacio de Viana, sind hübsch adrett, die Hecken gestutzt, aber die Blüten ungebändigt. Andere empfangen dich mit verblichenem Charme, verblasste Kacheln, längst angeschlagen, stoßen schief aneinander und Tontöpfe sind zu klein. Im Hostal „Löwe" reckt sich ein ausgestopfter Stierkopf aus der Wand. Kanarienvögel zwitschern im Käfig. Hier machen Touristen Fotos, weil nichts zusammenpasst und das ganz und gar. Grünpflanzen wachsen fleischige Blätter, Efeu klettert an niedrigen Torbogen, Flamencofotos groß und bunt an der Wand, ein vergilbtes Plakat kündigt den Córdobeser Stierkämpfer Manolete an und ein blassblaues Bild von ihr: Du erkennst sie leicht. Sie trägt nur einen hellen Rock, der ihren Rundungen schmeichelt, den Oberkörper entblößt, die schwarzen Haare im Nacken zum Knoten geschlungen. Die Arme hält sie angewinkelt vor ihrem Bauch. Darauf ruhen, direkt unter ihren Brüsten, vier Orangen. Du sagst, du findest das unschicklich, noch dazu im katholischen Spanien? Na hör mal, schon Goya malte die Maya wie sie ihm am besten gefiel, also warum sollte Romero seine schöne Freundin nicht herzeigen dürfen? Ihre traurigen Augen und die sinnlichen Lippen: Du kannst das Lieblingsmodell des Córdobeser Romero in jedem Andenkenladen als Postkarte kaufen.

Aus dem Laden gegenüber weht tatsächlich ein Lied von Julio Iglesias oder seinem Sohn Enrique herüber, aber niemand kümmert sich darum oder bricht in Tränen aus. Du wanderst ein Stück aus der Stadt hinaus, über die Römische Brücke. Auf halber Strecke sind die Kerzen unter dem Votivbild am Straßenrand geschmolzen, und das Wachs rinnt hell und klebrig über den Asphalt. Die Römische Brücke hat sie alle kommen sehen, die Spuren und Narben im Gesicht der schlafenden Schönen hinterlassen haben: Christen, Juden und Muselmanen. Du blickst von der Brücke zurück auf die Stadt und siehst die langgestreckten, gelblichen Mauern des Alcázar und der Mezquita, aber wie lebendig muss die Stadt damals gewesen sein, als ein Spion dem Kalifen in Nordafrika atemlos berichtete, dass „Córdoba die größte Stadt Andalusiens ist, die wegen der Bevölkerungszahl, ihrer Weitläufigkeit, ihres Handels, ihrer sauberen Straßen, der Architektur der Mezquita und wegen ihrer vielen Bäder und Herbergen den Vergleich mit Mesopotamien, Syrien und Ägypten nicht zu scheuen braucht“.

Das erste Jahrtausend neigte sich gerade seinem Ende zu, Córdoba war seit 200 Jahren Emirat und Mittelpunkt der muselmanischen Welt. Mit einer Moschee, an der die Muslime fast ebenso lange bauten. Marmor, Granit und Jaspis ließen sie herbeischaffen für einen kühlen Wald aus Hunderten von glatt behauenen Säulen, und du gibst dich der optischen Täuschung hin, dass sie dort hinten kleiner werden. Die Spanier hatten die Mauren lange vertrieben, die arabische Mezquita in katholischem Eifer zur Kathedrale geweiht, da befahl Karl V., deutscher Kaiser und König von Spanien, von Ferne, Dutzende der Säulen mit den rot und weiß gestreiften Arkaden für einen Renaissance-Chor in der Mezquita herausschlagen zu lassen. Jahre später besuchte er die weiter fortgeschrittenen Arbeiten und bereute bitter, was er angerichtet hatte. Auch dein Führer wird dir erzählen, dass die Mezquita die katholischen Jahrhunderte vielleicht nur deshalb überstand, weil ihr Herzstück christlich ist. Die schlafende Schöne verdankt es vor allem dieser Narbe, dass die Touristen sie nicht längst vergessen haben.

Spuren ihrer glanzvollen Tage findest du in den Hügeln hinter Córdoba, in den sanften Ausläufern der Sierra Morena, wo vor 1000 Jahren der Kalif von Córdoba auf drei Terrassen einen Palast für den Müßiggang mit den Ausmaßen einer Stadt und mit dem Namen einer schönen Frau errichten ließ: Medina Azzahara. Zwischen den halbhohen Mauern liegen Säulenstümpfe wie zufällig, als hätten Riesen ihr Spielzeug zurückgelassen. Der Palast ist nur noch ein karges Abbild seiner selbst, der in Stuck geritzte Lebensbaum an der Wand hat die Jahrhunderte fast unbeschadet überdauert.

Unten in der Ebene liegt Klein-Córdoba, du kannst es mit einem Blick erfassen und stellst dir vor, wie vor Jahren das Ödland zwischen den Ruinen und der ruhenden Stadt von Leben erfüllt war, von Prunk und Verschwendung, wenn der Kalif über eine mit roten Tüchern bedeckte Straße heraufkam.

Noch sollen weite Teile der Stadt des Kalifen unter Sand, Geröll und vertrocknetem Buschwerk begraben liegen, aber um sie zu bergen, bedauert der Wächter, fehle das Geld.

Das kommt seit einiger Zeit nach Córdoba zurück. Der Wohlstand Europas kommt, in kleiner Münze zwar, doch er kommt.

Córdoba wird sich verstecken. Es ist zu alt für neues Geld, darum lass' es in Ruhe. Blick' der Stadt nicht zu lange ins Gesicht, du könntest Falten entdecken, die dir nicht gefallen. Sieh' sie dir kurz an, aber fälle kein Urteil. Und sei leise, wenn du gehst.

Heinrich Heine
Almansor

In dem Dome zu Corduva
Stehen Säulen, dreizehnhundert,
Dreizehnhundert Riesensäulen
Tragen die gewaltge Kuppel.

Und auf Säulen, Kuppel, Wänden
Ziehn von oben sich bis unten
Des Korans arabsche Sprüche,
Klug und blumenhaft verschlungen.

Mohrenkön'ge bauten weiland
Dieses Haus zu Allahs Ruhme,
Doch hat vieles sich verwandelt
In der Zeiten dunklem Strudel.

Auf dem Turme, wo der Türmer
Zum Gebete aufgerufen,
Tönet jetzt der Christenglocken
Melancholisches Gesumme.

Auf den Stufen, wo die Gläubgen
Das Prophetenwort gesungen,
Zeigen jetzt die Glatzenpfäfflein
Ihrer Messe fades Wunder.

Und das ist ein Drehn und Winden
Von den buntbemalten Puppen,
Und das blökt und dampft und klingelt,
Und die dummen Kerzen funkeln.

In dem Dome zu Corduva
Steht Almansor ben Abdullah,
All die Säulen still betrachtend
Und die stillen Worte murmelnd:

„O ihr Säulen, stark und riesig,
Einst geschmückt zu Allahs Ruhme,
Jetzo müsst ihr dienend huldgen
Dem verhassten Christentume!

Ihr bequemt euch in die Zeiten,
Und ihr tragt die Last geduldig;
Ei, da muss ja wohl der Schwächre
Noch viel leichter sich beruh'gen.“

Und sein Haupt, mit heiterm Antlitz,
Beugt Almansor ben Abdullah
Über den gezierten Taufstein
In dem Dome zu Corduva.

Hastig schritt er aus dem Dome,
Jagte fort auf wildem Rappen,
Dass im Wind die feuchten Locken
Und des Hutes Federn wallen.

Auf dem Weg nach Alcolea,
Dem Guadalquivir entlange,
Wo die weißen Mandeln blühen
Und die duftgen Goldorangen;

Dorten jagt der lustge Ritter,
Pfeift und singt und lacht behaglich,
Und es stimmen ein die Vögel
Und des Stromes laute Wasser.

In dem Schloss zu Alcolea
Wohnet Clara de Alvares,
In Navarra kämpft ihr Vater,
Und sie freut sich mindern Zwanges.

Und Almansor hört schon ferne
Pauken und Trompeten schallen,
Und er sieht des Schlosses Lichter
Blitzen durch der Bäume Schatten.

In dem Schloss zu Alcolea
Tanzen zwölf geschmückte Damen,
Tanzen zwölf geschmückte Ritter,
Doch am schönsten tanzt Almansor.

Wie beschwingt von muntrer Laune
Flattert er herum im Saale,
Und er weiß den Damen allen
Süße Schmeichelein zu sagen.

Isabellens schöne Hände
Küsst er rasch und springt von dannen,
Und er setzt sich vor Elviren,
Und er schaut ihr froh ins Antlitz.

Lachend fragt er Leonoren:
Ob er heute ihr gefalle?
Und er zeigt die goldnen Kreuze,
Eingestickt in seinen Mantel.

Er versichert jeder Dame,
Dass er sie im Herzen trage;
Und „so wahr ich Christ bin!“ schwört er
Dreißigmal an jenem Abend.

In dem Schloss zu Alcolea
Ist verschollen Lust und Klingen,
Herrn und Damen sind verschwunden,
Und erloschen sind die Lichter.

Donna Clara und Almansor
Sind allein im Saal geblieben;
Einsam streut die letzte Lampe
Über beide ihren Schimmer.

Auf dem Sessel sitzt die Dame,
Auf dem Schemel sitzt der Ritter;
Und sein Haupt, das schlummermüde,
Ruht auf den geliebten Knieen.

Rosenöl aus goldnem Fläschchen
Gießt die Dame, sorgsam sinnend,
Auf Almansors braune Locken –
Und er seufzt aus Herzenstiefe.

Süßen Kuss, mit sanftem Munde,
Drückt die Dame, sorgsam sinnend,
Auf Almansors braune Locken –
Und es wölkt sich seine Stirne.

Tränenflut aus lichten Augen,
Weint die Dame, sorgsam sinnend,
Auf Almansors braune Locken –
Und es zuckt um seine Lippen.

Und er träumt: er stehe wieder,
Tief das Haupt gebeugt und triefend,
In dem Dome zu Corduva,
Und er hört viel dunkle Stimmen.

All die hohen Riesensäulen
Hört er murmeln unmutgrimmig,
Länger wollen sie's nicht tragen,
Und sie wanken und sie zittern; –

Und sie brechen wild zusammen,
Es erbleichen Volk und Priester,
Krachend stürzt herab die Kuppel,
Und die Christengötter wimmern.

Axel Arens

Gibraltar, Affenfels und Zankapfel

Der Name steht für eine Halbinsel, einen Halbzipfel am südlichsten Ende Europas. Seine geografische Lage ist von sagenhaften, märchenhaften und auch tragischen Varianten des Buchstaben A bestimmt. Casablanca, Tanger, Marrakesch, die Bazare vor der Nase – Málaga, Sevilla, Granada, die Alhambra, Trafalgar im Rücken.

Der Name steht für frische Brise und geronnenes Blut, für Seemannsgarn und Seemannstod. Ein Name, anziehend und anrüchig. Verlockend wie Sansibar, verführerisch wie Akaba, verrufen wie Shanghai. Ein Name, erleuchtet und geschmückt vom magischen A des heiligen Aladin und dem hurenhaften der Carmen.

Gibraltar, Fackel der Phantasie, Armada in Flammen, Anfang, Angst, Abschied und Amen der Westindienfahrer. Gibraltar. Aber wie die Fata zu einer Morgana wird, sobald man ihr zu nahe kommt, so ist es mit dem klangvollen Namen Gibraltar. Nimmt man ihn englisch und völkerrechtlich zutreffend in den Mund, verliert er das Aroma des saftigen Orangen-A, und es entsteht ein Geräusch, ein Buchstabengewelsch im Mund, das nach labberigem Lager-Bier und nasser Manchester-Kohle schmeckt: Dschibroohlta. Das pralle A in der Wortmitte dehnt sich zu matschigem Ohlmützer, und das offene A am Wortende tropft lustlos und stumpf wie fauler Tran von der Zunge. Keine Aida und kein Placido würden so ein lahmes A öffentlich in den Mund nehmen.

Aber Gibraltar ist englisch und soll es bleiben nach dem Wunsch Sir Winstons und der Krone und wird es auch beleiben, wenn man Richard, dem Leuchtturmwärter, glauben will. Und solange Gibraltar englisch ist, und englisch verwaltet, dann heißt es Juan Carlos und der Landkarte zum Trotz Dschibroohlta, weil die Engländer das klare A noch nie zu schätzen wussten. [...]

Trotzdem begegnet das klassische Alpha auf babylonischen Umwegen noch seiner Gerechtigkeit. Das geschieht in dem Moment, nachdem die „Gibraltar Airways“, aus Großbritannien kommend [...], mit einer Ladung Engländer gelandet ist. Der Moment des Wiedereintritts des offenen A des Staunen und der Freude geschieht, wenn die bleichen Engländer das sonnensandgelbe Rollfeld betreten, ihre Regenpelerinen, die der britische Gott des Regens, der Nebel und der Nieseleien ihnen als zweite Haut in die feuchte Wiege gelegt hat, verschämt einrollen, in den Duty-free-Beutel stopfen und stolz zu ihrem Felsen aufblicken und zu dem blauen Himmel und den Planeten loben, der ihn bestrahlt: „Oh, luk the san, hau lavli!“ Die nächsten Freudenrufe gelten den Bierkneipen: „Luk, thers a Pap!“ Die Engländer sind glücklich, lacki, überall gibt es Pubs, alles ist wie zu Hause, die Sprache, der Baker, der Butcher, Plumber und der Hairdresser. Alles ist britisch – nur eben sehr spanisch. England hat sich ein Stück Spanien aus dem Mittelmeer geschnitten, es mit Cumberland-Soße und Courage-Bier übergossen, sevillanische Plätze zu Cathedral Square und Convent Place, spanische Treppen zu Castle Steps und Sunnyside Steps gemacht. [. . .]

Bezahlt wird mit englischen Pfund und Pence und Pennies, gekocht und gegessen wird englisch, was meint, es gibt Sandwiches und Ham and eggs. Gesungen wird englisch und unbeirrbar und meistens nach Fußballspielen, und am lautesten tönt der Refrain „Glory, Glory, Halleluja ...“ Gegrüßt wird englisch und lässig und ohne lästigen, verschwitzten Hand-in-Hand-Abdruck. Und Dienstag um zehn Uhr zwanzig ist Wachablösung vor dem Amtssitz des Gouverneurs. Englische Soldaten salutieren, klatschen mit den Gewehren, stampfen das Pflaster mit gewienerten schwarzen Stiefeln, brüllen sich Parolen in die traditionsbewusst versteinerten Gesichter. Kehrt um, drei gestanzte Schritte seitwärts, Stechschritt, gedrilltes Kolonialballett. Militante Dressmen, Demonstranten des Gleichschritts. [...]

Gibraltar hat Geschichte. Eine wechselhafte schon deshalb, weil seit Jahrtausenden und Ewigkeiten davor die Besitzer, die Besatzer, die Eroberer unablässig wechselten. In der Sage wird Herakles (in der griechischen Fassung), Hercules (in der lateinischen Version) als der Mann genannt, der am Ende der antiken Welt Säulen aufstellte, in der Art, wie die Amerikaner dem Mond ihr Fähnchen aufsteckten, oder Edward Whymper nach der Erstbesteigung das Matterhorn mit dem Union Jack toppte. Der Jebel Musa bei Ceuta in Marokko und der Felsen von Gibraltar wurden zu Säulen des Herakles-Hercules.

Nach dem Halbgott hinterließen Neandertaler ihre Spuren, präziser: Gebeine und Schädel. Nachbildungen der 20 000 Jahre alten Köpfe sind im Gibraltar-Museum zu besichtigen. Die Originale lagern in London, im Museum of the Royal College of Surgeons. Im Jahr 711 beginnt der mehr als 1000 Jahre lange, nachweisliche Kampf um den Felsenstützpunkt. In jenem Jahr setzt der Berberfürst Tariq Ibn Zeyad über die 14 Kilometer breite Meeresenge, und seine maurischen Landsleute besiedelten den schmalen Küstenstreifen rund um den Gipfel Tariq, den Berg des Fürsten Tariq. Die Araber bauen Moscheen, Paläste, legten blühende Gärten an, Wasserkanäle, vor allem aber bauten sie die schroffe Halbinsel zur Festung aus. Sie zogen dicke Mauern auf, errichteten Wälle und ließen vom eckigen Gipfel der Felsenburg ihre Fahne flattern.

Ein paar hundert Jahre blähte der Wind die maurischen Fahnen, dann die spanischen, dann eroberte ein Hassan den Zankapfel, die Zankinsel, wieder für die Marokkaner zurück, hängte seine Fahne in den Wind, bis ihn an einem Bernhardstag im Mittelalter die Spanier endgültig von ihrem Felsen vertrieben. An dem Streit um das strategisch wichtige Nadelöhr, Enge zwischen Mittelmeer und Atlantik, beteiligten sich in der Folge Engländer, Holländer, Deutsche, Österreicher, Franzosen. Und jedem Fahnenwechsel auf der Burg ging ein kräftiges Blutbad in der Meerenge voraus. Seit 1704 weht die englische Fahne auf der Burg in halber Höhe des 425 Meter hohen Felsens. Im Frieden von Utrecht wurde den Briten 1713 der felsige Schuh Spaniens vertraglich zugeschrieben. Trotzdem machten die Spanier bis 1782 noch gewaltige, verzweifelte Anstrengungen, Land und Felsen zurückzuerobern, in der Annahme, der Schuh gehöre zu ihrem Fuß. Die Schlachten um Gibraltar sind ungezählt. Nicht aus Nachlässigkeit, sondern aus Unvermögen. Kein Geschichtsbuch führt eine komplette Strichliste aller Reibereien, Metzeleien, abgeschlagener Angriffe. Nummeriert sind nur die des Sieges. 22 Siege hat Gibraltar erlebt, bis die Engländer den Felsen endgültig unter ihre Gewalt bringen konnten. Sieges, wie das englische Wort heißt, sind keinesfalls Siege, sondern Belagerungen, die in der Tat mörderische Niederlagen waren. Und bei denen immer irgendwelche braven, gehorsamsgedrillten Soldaten im Angesicht irgendeiner bunten Fahne, der sie folgten, eines lächerlichen Wimpels, im Auftrag irgendeiner gierigen, parfümierten und gepuderten Krone ins Gras bissen. Ersatzweise ins Wasser, ins gibraltesische. [...]

Gibraltar hat nicht nur Geschichte zu bieten, und zwei Bibliotheken voller Papier, auf dem diese Geschichte geschrieben ist, Gibraltar besteht nicht nur aus bröckelnden Festungsmauern und den strategisch durchlöcherten, durchtunnelten Felsen, den Casements, den Kasematten (sturmsichere Vorratskammern und Mannschaftsunterkünfte in Kriegszeiten, die heutzutage als „Hostels“ , als jugendherbergsähnliche Absteigen benutzt werden), Gibraltar hat nicht nur Altertum zu bieten und ein „Moorish Bath“, ein Mohren-Mauren-Araber-Bad, ein längst vertrocknetes, von dem nur noch sechs alte, braune Säulen in einem weiß getünchten Keller herumstehen, als sogenannte stumme Zeugen (logischerweise stumm, denn die sprechende singende Säule kam erst 1927 in Gestalt des Al Jolson auf den Markt), Gibraltar hat auch viel Lebendiges zu bieten.

Zurzeit gibt es 817 registrierte Hunde und ungezählte nicht registrierte Katzen (jeder Hund ist behördlich verpflichtet, eine nummerierte runde Plastikmarke zu tragen – die meisten tun dies mit sichtbarem Stolz). Die jüngste Volkszählung ergab knapp 30 000 Einwohner. Zwei Drittel der Bevölkerung sind British Gibraltarians. Und zwischen ihnen leben 4000 Marokkaner – der Mustafa ist der Türke Gibraltars, der Gastarbeiter.

Gibraltar ist ein Vogelparadies. Die verbreitetste Rasse sind riesige Möwen, Herrings Gulls. Zu Tausenden umkreisen sie den Berg, schreien dabei laut und unflätig wie ungezogene Kinder, ihr Flug aber, ihr Gleiten, gehört zum Schönsten, was die Natur auf Schwingen zu bieten hat. Auch Adler wohnen auf dem Felsen, von denen wöchentlich einer – oder der andere – schwarz und einsam am Himmel hängt, übel beschimpft von den Möwen, anhaltend, flugbegleitend beschimpft, so lange bekeift, bis er sich in seinen Horst zurückzieht, unsichtbar auf Tage. Schmetterlinge gibt es, große flächige Exemplare. Kohlweißlinge, die auf Gibraltar „the large White“ heißen, surfen elegant über Höhen und Tiefen pinkfarbener Bougainvillea-Felder. Farbige Trauermäntel gleiten von rotem Hibiskus zu orangefarbenem Hibiskus, Zitronenfalter ducken sich zwischen gelben Verbenen, machen sich schmal, kokettieren mit ihrer doppelten Hälfte, ziehen sich flugs die Lippen nach, legen mitgebrachtes Lavendel auf, locker, purpurn hingetupft. Es sind Zitronenfalterinnen, eitle, flatterhafte – „Cleopatra" mit Namen –, die sich schön, bedingungslos, augenzwinkernd vom Wind fächern lassen, sanft tragen lassen und sich achselzuckend, launenhaft wieder auf die Sänfte fallen lassen, um an einer Schleierblume zu naschen, die auf den süßen Namen „Candytuft" hört.

Die prominentesten Einwohner Gibraltars sind aber die Affen. Affen hausen auf dem Felsen, seit die Araber den steinigen Boden betreten haben. Märchenhaft, unglaublich hört sich an, dass sie durch einen unterirdischen, untermeerischen Tunnel aus Afrika herübergekommen sein sollen: wahrscheinlich ist, dass sie huckepack oder Hand in Hand mit den Mauren per Schiff auf die Halbinsel gekommen sind. Hockten die Affen 1200 Jahre lang als uninteressante Subjekte in großer Zahl auf dem dicht bewaldeten Felsen und fraßen die Orangen von den Bäumen, so wurden sie 1942 zu einem Politikum, wurden für einige Wochen zu Personen des öffentlichen, britischen Interesses: Ihre Zahl hatte sich durch Krankheit auf sieben dezimiert. Sir Winston Churchill forderte telegrafisch Nachschub aus Marokko (kein Märchen), er ordnete an, befahl, dass nie und nimmer, come what may, weniger als 24 Affen auf dem Felsen zu leben hätten, denn: when the apes leave the rock – so will leave the British. So die Prophezeiung. [...]

Die Affen sind Hauptanziehungspunkt auch für eine andere Spezies von Lebewesen, die Touristen, der letzten endgültigen Invasion, die widerstandslos den Felsen erstürmt. In Zehnminutenabständen spucken die roten Gondeln geballte, verschwitzte Klumpen Neugieriger an der Mittelstation aus.

Großmütter gurren, Enkel blöken, ausgediente Direktoren zirpen wie der Vogeljakob auf dem Jahrmarkt. Jeder versucht auf seine Weise, das Ohr der

Affen zu erreichen. Bringt aber kein Huhu, kein Haaalo, kein Gezwitscher, kein Zungengeschnalze, kein Händeklatschen und auch kein Durch-die-Fingerpfeifen die Affenfamilie zum Abbruch ihres Mittagsschlafes in der schattigen Krone der Pinie, dann versuchen die Menschen mit anderen ihr pauschaltouristisches Recht auf das Bild des Urlaubsaffen durchzusetzen. Sie werfen so lange mit Nüssen, Bonbons oder kleinen Steinchen nach den Tieren, bis sie vom Baum heruntergeturnt kommen, um dann – aus angeborenem Spieltrieb oder tierischer Neugier – die fremden Erwartungen zu erfüllen, bei Laune gar zu überbieten. [...]

Ich schwinge mich um die Mittagszeit mit der Gondel auf den Gipfel, der nicht ganz der Gipfel ist – die höchste Spitze hält britisches Radar besetzt –, erwerbe für 1,50 Pfund ein Zertifikat, auf dem Rock Ape mir mit Unterschrift und Siegel bestätigt, dass ich auch wirklich oben gewesen sei und „die Freiheit auf dem historischen Felsen enjoyed habe". Blauer Himmel leiht dem Meer sein frischgewaschenes Himmelblau, zierliche, silberne Teelöffel gleiten über die blaue Fläche und ziehen Streifen feinen, weißen Zuckers hinter sich her. Neben mir am Rand der Brüstung steht ein verschraubtes, versockeltes, drehbares Fernrohr. Aber ich lasse die Münze in der Tasche, die höhenbedingte Verkleinerung schafft eine untastbare übersichtliche Unschuld, wie sie viele Menschen und Dingen anhaftet, solange man sie aus der Ferne betrachtet. In ihrer Winzigkeit verlieren sogar die graphitgrauen Zerstörer und U-Boote, die an geraden und geknickten Streichhölzern, Quais und den Molen, liegen, ihre Bedrohlichkeit. Sie schrumpfen zum Zwergenspielzeug, das sicher Angst hat, vom Abfluss der Riesen-Badewanne verschluckt zu werden.

Von hier oben, im Luftbild, liegt das Unten sauber und puppenstubenmäßig anschaulich in den Pupillen. Die Augen, meine Augen, sind die Augen Gullivers. Mit einem einzigen Blick hat ganz Gibraltar, hat weites Meer und horizontales Spanien Platz. Ich sehe viereckige, bunte Käfer, von denen ich weiß, dass es Automobile sind, die durch winklige Straßen kriechen. Braune Reibflächen der Zündholzschachteln sind mit farbigem Konfetti bestreut, die das Fernrohr als bunte Wäsche zwischen den Antennen über braunen Dächern entlarven würden. Hellblaue Briefmarken, längliche und quadratische, zieren die Straßen und Hochhäuser. Manche liegen schräg, andere stehen auf dem Kopf. Du liebst mich, du liebst mich nicht. Es sind Swimmingpools, mit Einteiligen und Zweiteiligen drin, Eingetauchten, Reingeschubsten, und garniert von anderen, die im Sonnenöl braten. Schmale, längliche, aufgeschnittene französische Weißbrote sind die Strände, an manchen Stellen nur dünne Kaugummifäden, an den Rand der Insel geklebt: Eastern Beach, Catalan Beach, Sandy Beach, Camp Bay, Rosia Bay, Little Bay. Klein sind sie alle, die Strände, die Buchten, aber sie entschuldigen sich mit dem Hinweis, dass die ganze halbe Insel nicht sehr groß sei, und bieten zum Ausgleich ein paar Grotten und Korallen für die Taucher.

Ich seile mich mit der Gondel ab, umrunde des „Queens Cinema“, durchkreuze im Zickzack den Verkehr, der wie von Mühlrädern getrieben, den Kinosaal umspült, hinter dem Gewühl ist Grabesstille. Ich stehe am „Trafalgar Cemetery“. Wohl 100 graue Steine stehen über Gräbern, in die vor rund 200 Jahren 19- und 20-jährige Burschen gelegt wurden. Düster ist es auf dem Soldatenfriedhof, ein Stück Stadtmauer und Prince-Edwards-Tor verwehren mit ihren Backsteinrücken dem Licht des Tages den Zutritt, dichte Pinien und Platanen sperren den Himmel aus, machen den Totenpark zur Gruft. Die schmalen Wege zwischen den Grabreihen sind überwuchert, unbegangen. Bunte Besucherhemdentupfer fehlen, Geranien breiten sich aus, kriechen über Efeu, eine schwarze Katze schabt ihren Rücken ungestört und wohlig am Stein des Lieutnant William Forster, der, wie sie nicht lesen kann, „am 21. Tag des Oktobers im Jahr 1805 starb, mit 20 Jahren, an den Wunden, die er erhalten hat, in the glorious battle of Trafalgar". An diesem ruhmreichen Tag, dem großartigen Seesieg über die alliierte spanisch-französische Flotte, hat es auch den Sieger erwischt, den Viscount Horatio Nelson, Herzog von Brontë auf Sizilien. Die Kugel eines Scharfschützen, der sich im Mastkorb der französischen „Redoutable" etabliert hatte, brach dem Lord das Rückgrat, während er siegesgewiss am Bug seiner „Victory" stand. Nachdem er sich vom Kapitän Thomas Hardy noch einen Kuss erbeten hatte, sagte er: „ Jetzt bin ich zufrieden. Gott sei Dank habe ich meine Pflicht getan." Achtundvierzigjährig erlebte er auf den Planken des Schiffes seinen Tod, den Heldentod für die Schulbücher, besonders die englischen. Kurz vor seinem Tod gab er noch andere Worte von sich, bemerkenswert „der berühmte Schlachtruf": „England expects that every man will do his duty!" Das haben sie dann auch gemacht, die Matrosen, die Kanoniere, kostenlos eingekleidet, das Totenhemd schon unter der Uniform. Kerle denen kein Herzogtum winkte, sondern der Sold, den sie brauchten für Miete und Rum. Jetzt liegen sie auf dem „Trafalgar Cemetery": Joseph Massey, Andrew Shepard, Thomas Worth, John Buckland und Kollegen. Junge Burschen bis in den Tod. Burschen, die gern noch weitergelebt hätten, Burschen, die sich in Gibraltar lieber zu warmen Weibern in weiche Betten gelegt hätten, als auf Gibraltar zur letzten Ruhe gebettet zu werden.

Wo Engländer leben und sterben, lassen sich auch Inder nieder und treiben Handel mit den Engländern. Die Seruya-Sippe ist tatkräftiger Beweis dieser Folgerung. Entlang der Main Street, links und rechts John Mackintosh Square, benannt nach einem Spender, der sein ganzes, mit Schiffsfahrten verdientes Hab und Gut der Stadt, dem Stadtstaat Gibraltar vermacht hat, handeln Seruyas mit billigen Prozessoren und teuren Parfums. Der „Star of India“ handelt mit Düften und Cremes, der Juwelier „Sakata“ mit Perlen, der Getränkemarkt „Saccone & Speed“ mit Flaschen, ein kleiner Eiswagen vor dem Postamt mit Sondermarken. Es wird viel gehandelt auf Gibraltar, und die tüchtigsten Händler sind die Händler auf der Main Street. Die Allgemeine Bank Gibraltar Ltd., die Gibraltar and Iberian Bank Ltd., die Bank Indosuez, die Hongkong Bank and Trust Company Ltd., die Hambros Bank, die City and Metropolitan Bank und andere Spielhallen der Hoffnung und des Profits werben mit Vorteilen, die Gibraltar, ein britisches „offshore“-Finanzzentrum, bietet de facto ein Steuerinselchen mit funktionierendem Bankgeheimnis und Steuerfreiheit für die Nicht-Einwohner, die Ausländer.

Ausländer in der Main Street: Urlauber aus Neugier, Urlauber auf der Flucht vor Regen, Urlauber aus Langeweile, Urlauber auf Partnersuche, Urlauber, denen der Hausarzt zum Reizklima geraten hat, Spaziergänger, Hosenträger, Bermudahosenträger, Fransenjeanshosenträger, Pflegeleichthosenträger – Menschen, allesamt erschaffen, um das T-Shirt um die Welt zu tragen. T-Shirts: die Esperanto-Bekleidung, Gary Davis, Weltbürger Nr. 1, wo ist dein T-Shirt? Zeig dich, alter Zausel, hinter welchem Regenbogen-Polyester hältst du dich versteckt?

Ihre Autos müssen die Menschen draußen lassen aus der Main Street; sie bleibt tagsüber für die Durchfahrt gesperrt. Trotzdem sind die Menschen nicht alleine, autolos, beziehungslos, nackt im T-Shirt, wenn sie durch die Main Street laufen – Toshiba ist mit ihnen. Und Panasonic und Technics und natürlich auch Sony, Sanyo und Seiko. Die ganz fortschrittliche Familie begleitet den Menschen im fernen Gibraltar, das so fremd gar nicht mehr ist, Coca Cola und Marlboro, die internationale Wegzehrung, die Zivilisation ist mit ihm, die Erde ist dem Menschen untertan, Camel weist den Weg durch Sumatra. Der Mensch ist in vertrauter Umgebung, Überall ist Zuhause. Videotronic, Stereo 200, die zahnlose Zahnbürste, der staubfreie Staubsauger, das sprachlose Telefon, der Kompaktschweiß, die Maxisingle, die Compactdisc in der rundlichsten Ausgabe, die es je gab,

Die Tagesausflügler kommen mit Omnibussen, airconditionierten, aluminiumglänzenden Asphaltriesen aus allen Ländern, die mit Pauschalreisenden handeln. Sie kommen aus Kirchberg/Altenberg/Haslach in Oberösterreich, um die Affentour zu machen. Sogar Busschweden, Busnorweger, Busholländer wagen nach einigen Kniebeugen den Ritt in der Gondel auf den Felsen. Der größte Teil der Tagesgäste aber kommt von der Costa del Sol herüber. Seit die Grenze für Kraftfahrzeuge passierbar gemacht wurde (was weniger eine Geste des spanischer Grandezza war, sondern der Druck der EU), verlassen viele Menschen ihre wohlverdiente, schwarz verdienten Ferienwohnburgen an der Sonnenküste, machen für einen Tag Urlaub vom Urlaub.

Sie tappen auf Gibraltar umher, oder lassen sich für 40 Cent in alten, laubfroschgrünen Bussen um die Halbinseln schaukeln. Linienbusse, die ausrangierte Militärbusse sind, ausgewiesen für 22 Plätze – beladen mit doppelt und mehr Personen – das billigste und volksnahe Vergnügen auf der GBZ. GBZ, das ist das ovale Nationalitätskennzeichen auf den Automobilen und steht für Great Britain Zone.

Und britische Zone wird Gibraltar weiterhin bleiben, auch wenn die englische Regierung sagt, die Menschen auf Gibraltar hätten die freie Wahl, sich zu England oder zu Spanien zu bekennen. Sie weiß, dass sie sich auf die Anhänglichkeit ihrer Adoptivkinder verlassen kann. Schon einmal hat es eine solche Abstimmung gegeben. Das Ergebnis waren 12 138 Stimmen für den Verbleib unter englischem Protektorat, klägliche 24 Stimmen waren für den Anschluss an Spanien. Die Treue zu Großbritannien ist sichtbar. An vielen Hausmauern, über vielen Stufen des von Treppen durchzogenen Städtchens sind die blauen, rotdurchkreuzten Fahnen gemalt. Zwischen Fenstersimsen sind englische Fahnen gespannt. Die Bewohner des Hauses Devils Gap Road Nr. 8 haben über ihre Eingangstür gepinselt: „… the people here will british stay – and not give Juan Carlos his own way."

Es gibt wenige konkrete Gründe für diese Entscheidung. Der Hauptgrund für das Festhalten an der englischen Fahne ist die gefühlsmäßige Bindung. Auch Richard, der Leuchtturmwärter, sagt: „We have no faith in the spanish Government."

Als das Flugzeug mich von der Insel trägt, über die lange Piste hinausschießt, die sich ins Mittelmeer streckt wie das gelbe Sprungbrett über einen blauen Swimmingpool, drücke ich meine Nase an das Bullauge und spähe zum „Europe Point" hinunter, versuche den Turm zu erkennen. Der Flieger zieht eine Schleife, ja, da ist er, der Turm, leuchtet weiß im Mittagslicht, steht wie ein Kirchturm in der Brandung; er ist errichtet für die Seefahrer und grüßt mich, den Luftfahrer.

Richard ist nicht zu sehen, die Luftfahrt ist zu schnell, und Richard ohnehin unsichtbar, weil er um diese Zeit schläft. Richard verschläft die Hälfte des Tages. Erlebt für die Nacht. Das Nachtleben Gibraltars ist puritanisch und spröde und wird schnell müde. Das wacheste aller Nachtleben führt Richard, der 66-jährige Lighthouse Keeper.

Aber Richard fühlt sich nicht wie ein in zehntausendundeiner Nacht ergrauter Discjockey, der mit seinen grellen Lichtblitzen, grellen Spots im Sekundentakt, das Meer bis Afrika erhellt, dessen Hörner am Turm bei dichtem Nebel Laute ausstoßen, die schrille Trompeten trotz turmhoher Verstärker übertönen würden, Richard fühlt sich mit ganzem Herzen, mit unermüdlichem Eifer als ein Wächter, als ein Seelsorger der Schifffahrt. Und sein Sprengsel ist das Meerdreieck zwischen Cetuia an der marokkanischen Küste, Algeciras an der Küste von Spanien und seinem Standort, dem „Europe Point", gebaut auf dem letzten Meter Fels, der Gibraltar vom Meer trennt.

Richard ist früher selbst zur See gefahren, hat auf Frachtern, Luxus-Linern und Kriegesschiffen gedient. Er kennt die Schwierigkeiten, Klippen, Riffs und Untiefen zu umschiffen. Aber für Richard ist der Turm nicht nur Arbeitsplatz, Fixstern und Notrufsäule für die Schiffer, die sich durch die Nacht tasten, für Richard ist der Leuchtturm eine Schönheit, die er über alles liebt. Eine leuchtende Säule, die auch inwendig glänzt. Messingbestückt, nickelverziert, hochglanzpoliert. Seit Richard Herr im Turm ist, hat sich noch kein Sandkorn durch die Tür getraut, und keine Spinne hat es gewagt, hier ihr Netz aufzuhängen.

Richards Arbeitgeber ist die Firma „Trinity House" in London, die auf der ganzen Welt 700 Leuchtbojen und 92 Leuchttürme unterhält.

Ich weiß nichts über Leuchttürme, habe vor Gibraltar noch nie einen Leuchtturm bestiegen, aber ich weiß, dass Richards Leuchtturm der schönste aller Leuchttürme ist. Nicht anders sieht Richard die Sache. Der Turm ist eine blütenweiße Statue, eine männliche Statur, die einen roten Streifen, eine rote Schärpe um die Mitte gebunden trägt. Seinen Hals ziert eine steife Krause, eine begehbare Plattform. Den gläsernen Kopf mit dem leuchtenden Auge behütetet ein weißer Helm, notwendiger Schutz gegen Hitze im Sommer, Sturm und Regen im Winter. Der Turm ist 1838 geboren, ganze drei Jahre brauchte er, um seine volle Größe zu erreichen. Obwohl er über 150 Jahre alt ist, hält er sich immer noch aufrecht kerzengerade, ist kein bisschen wackelig auf den Beinen.

Kerngesund fühlt sich Richard, sein Wärter. Zwar rasselt der Atem, wenn er die 125 grünlackierten Stufen der Wendeltreppe hinaufsteigt, um zu überprüfen, ob die Lichtsignale auch im präzisen Intervall den Turm verlassen, ob sich die Justierung nicht verstellt hat, zwar klappert sein Gebiss, schlagen die Zähne hörbar aufeinander, bei jedem Schritt, wenn er die 125 Stufen wieder hinuntersteigt, aber das sind Kleinigkeiten, die er mit einer wegwerfenden Handbewegung abtut. Seine Gesundheit, die macht ihm keinen Kummer. Was er fürchtet, ist, dass Automation, dass Technik seinem Leben im Turm ein Ende machen.

Leuchtturmwärter, lebendige, werden zu teuer, sind auf Dauer untragbar, Sensoren brauchen keinen Urlaub. Zellen werden computergesteuert, Impulse sind programmiert, die Geräte sind teuer, aber kostendämpfend, das sind Meldungen, die die Wellen von „Trinity House" aus London herübergetragen haben.

Doch kommt das Licht, dass den Schiffen Positionen und Weg weist, aus Glühbirnen. Glühbirnen von der Form und Größe gläserner Kürbisse. Stolz hält Richard ein Muster hoch. Es ist so groß wie sein Kopf, nur runder. 3000 Watt strahlt die Riesenbirne aus. Gewaltiger: Sie hat das Feuer von 120 000 brennenden Kerzen. Die Energie für den Antrieb kommt aus Dieselmotoren, wird über Kardangelenke, Kegelräder, Zahnräder, einer imponierenden Konstruktion aus geschmiertem Stahl, bis in die Turmspitze gebracht. Dicke Schilder rotieren um die glühende Birne, lassen dem weißen Strahl nur Zentimeter Platz, die abgezählte Sekunden sind, um ins Dunkel schießen zu können.

Ich dämmere in meinem schmalen Sitz über den Wolken – weit weg schon von Richard, der hinter mir, unter mir, auf der Erde in seinem Bett liegt und sich von der Nachtwache ausruht.

Wolfram Weimer
Sieben im Süden

Ana
Sie lachte nie zu laut. Ihr Lachen hatte Maß, ohne gezwungen oder kontrolliert oder verklemmt zu sein. Sie lachte frei heraus und gerne. Doch es klang nie schrill oder schäppernd, sondern voll und warm, es kam musikalisch herüber, dieses Lachen. Sie stand an der Bar, wie sie alle an der Bar stehen in Sevilla. Selbstverständlich. So selbstverständlich wie ihr Lachen, so selbstverständlich war ihr An-der-Bar-Stehen. Sie hatte Haltung, ohne dass Haltung ihr abverlangt gewesen wäre. Sie war keine Reiche und keine Arme. Sie war keine Schönheit und keine Schande. Aber sie strahlte die Gewissheit aus, dass etwas Bestimmtes an ihr sei. Und sie hieß Ana – wie viele in ihrer Stadt.

Anas Augen wanderten durch die Bar. Aber sie sprangen nicht nervös suchend. Sie flackerten nicht und lugten nicht. Sie konnte Wandern mit ihren Augen, langsam im Raum umher. Auch wenn sie mit ihren Freunden an der Bar sprach, so konnten die Augen weiterziehen. Diese Augen suchten nicht wirklich, sie wollten beiläufig etwas finden. Sie wollten gefunden werden. Und so fand ich sie. Ihre Wanderung machte in meinem Blick Pause, ihr Gespräch nicht. Sie sah mich freundlich an und sprach dabei weiter mit ihren Freunden, ihre Mimik blieb im Gespräch, ihre Gestik auch, aber ihre Augen waren schon bei mir. Und als sie sich bei mir niederließen von der Wanderung, da erkannte ich einen Zug von Traurigkeit. Es war keine Traurigkeit von Drama oder Melancholie. Es war ganz leise Traurigkeit, wie im Summen alter Lieder. Eine Traurigkeit, die einen Fremden als fremd erkennt und als Fremden wieder gehen lassen muss. Eine andalusische Traurigkeit eben.

Pedro
Wir waren acht Jahre alt, der Bolzplatz in Córdoba war steinig, und der beste Fußballspieler des Nachmittags hieß Pedro. Pedro war klein, er dribbelte zu viel, er grätschte nicht, er tanzte. Seine Knie waren nie blutig, und er achtete sogar darauf, dass sein Hemd nicht aus der Hose rutschte. Pedro streichelte den Ball, und er lächelte beim Spiel, wo wir deutschen Kinder verbissen kämpften. Es war ein Lächeln, das den Unernst des Spiels entlarvte, zugleich aber sein Talent zum öffentlichen Geschenk machte: die Lebensfreude. Ich jedenfalls holte mir auf dem vor Hitze flirrenden Bolzplatz blaue Flecken und das Lächeln von Pedro.

Es vergingen Sommer um Sommer, die Demokratie kam, Spanien kehrte nach Europa zurück, Andalusien baute Autobahnen und Olivenbaumplantagen mit nordischem Geld und Pedro wurde Pianist.

Jahre später beobachtete ich auf einem Bolzplatz in Marbella meine eigenen Söhne beim Fußball. Und mittendrin der andalusische Spielmacher Ramón: schulbübisch, aber befehlsstark. Wie El Cid mit seinem Schwert an der Kulturgrenze stand er am gegnerischen Strafraum und dirigierte die anderen Zwerge. Er lächelte nicht, der Ernst seiner Augen trug die tiefe Würde Spaniens. Ramón war Ministrant in der Ortsgemeinde. Seine pathetischen Blicke auf den Hochaltar waren dieselben wie die auf das Fußballtor. Ich holte mir in Marbella blaue Himmel und diesen Blick des heiligen Ernstes. Und ich erinnerte mich an Pedro, der mit Ramón gewiss unschlagbare Doppelpässe gespielt hätte. Doppelpässe, wie man sie nur hier ganz im Süden spielt als ginge es um das Spiel des Lebens.

Manolo

Als der Sand im August so heiß wurde, dass man barfuß darauf kaum laufen konnte, geschweige denn das Meer erreichte, da hatte Manolo eine Idee. Er radelte mit einem klappernden Fahrrad ohne Bremsen vom Strand Nuevo Sancti Petri ins Dorf und kaufte zehn Paare Gummischlappen für 200 Peseten das Paar. Das Geld hatte ihm sein Onkel geliehen, der war in Deutschland als Gastarbeiter bei Opel, also galt er als reich. Und er mochte den wachen Manolo.

Mit den 20 Schlappen im Sack kehrte er zum Strand zurück und verkaufte sie den Nordeuropäern für 400 Peseten. Die waren ihm dankbar, die Haut ohnehin schon krebsrot, wollten sie wenigstens in die kühlen Fluten des Atlantiks ohne sich auch noch die Fußsohlen zu verbrennen. Manolos Schuhe ließen sie die Hölle des glühenden Sandes überwinden.

Manolo hatte immer einen schnellen Blick dafür, was andere brauchten. Das brachte ihm im Laufe der Jahre ein Vermögen ein. Nicht nur mit Badeschuhen, auch mit Eis, Spielsachen, Sonnenöl, später mit Fahrrädern, dann mit Autos. Er chauffierte sie, er vermietete sie, er verkaufte sie, schließlich verkaufte er die Vermietung und investierte in ein Hotel. Mit Badeschlappen für alle Gäste. Manolo ist reich geworden. Reicher jedenfalls als sein Onkel. Dem hat er neulich einen Opel geschenkt. Woraufhin der Onkel sich revanchierte: mit einem Paar Gummischlappen. Manolo nahm sie in die kräftigen Hände, doch er nahm sie so zart, als hätte er Lust, noch einmal von vorne zu beginnen. Der Sand, er wäre heiß genug.

Pilar

Wenn sie schimpft, dann tackern ihre Worte aus ihrem Mund, als habe sie der Teufel selbst gestanzt. Sie ist eine strenge Person, doch man fragt sich: Warum nur? Pilar ist eine Dame von gewisser Eleganz. Nicht von der manierierten Sorte. Ihre Eleganz ist ledern. Sie geht, nein sie schreitet als gehörten ihr 20 000 Kampfstiere. Ihre Stimme ist rau, ihre dunklen Augen – wenn sie denn die Sonnenbrille einmal in die Haare steckt – sind schnell, ihr Wille ist es auch. Sie fordert, wenn sie spricht. Und wenn sie nicht spricht, dann fordert sie auch. Ihr gehören einige Immobilien in Jerez. Sie hat sie nicht geerbt und nicht erarbeitet. Sie sind das Strandgut ihrer Scheidung. Und diese Scheidung ist der Grund, warum sie ihre Sonnenbrille immer ein wenig zu lange aufbehält. Damit man die Verletzung ihrer Seele nicht sieht. Denn ihr Mann, der andalusische Macho, hat sie jahrelang betrogen, einmal sogar in ihrem eigenen Schlafzimmer, als sie unten noch die Partygäste unterhielt. Heute vermietet sie das Haus, die anderen auch, die ihr Mann ihr gelassen hat. Monat für Monat besucht sie die Mieter, um sich die Miete in bar abzuholen. Wenn der Mann ihr schon die Ehre gestohlen hat, soll der Staat nicht auch noch die Steuer bekommen.

Im Sommer fährt Pilar immer an die Nordküste, dann ist es in Andalusien einfach zu heiß, sagt sie. Dann glüht die Küste, dann sind die Flussbetten leer, dann dörrt das Weideland und die Stiere liegen unter Bäumen. Dann kann man nur abends, spät abends etwas riechen, auf den Plazas und in denn Patios. Den Duft anderer Damen nämlich. Junger Damen vor allem. Davor flüchtet sie. Weit nach Norden.

Francisco

In Jaén ist es langweilig. Sagt Francisco. Er muss es wissen, denn er lebt schon seit 44 Jahren hier. Sein Urgroßvater war Landarbeiter, sein Großvater war Landarbeiter, sein Vater war Landarbeiter. Er nicht. Er kann die Oliven nicht mehr sehen. Das ist schlecht, denn rund um Jaén gibt es gar nichts anderes als Olivenbäume.

Francisco wollte immer mehr als Oliven, er machte einen ordentlichen Schulabschluss, er ging auf die

Fachhochschule für Tourismus, er wollte in die Welt jenseits der Olivenhaine. Er schaffte er nach Estepona, auch Malaga und Torremolinos. Er sah hässliche und ganz hässliche Hotels. Er lernte Englisch und ein wenig Deutsch. Er konnte sich bald einen Seat leisten, und wenn er damit nach Jaén fuhr, dann bewunderten ihn sein Vater und der Großvater. Und immer wenn er nach Hause kam, nach Jaen, dann gab ihm seine Mutter das gute Olivenöl mit. An der Küste gebe es das gute doch gar nicht, armer Francisco.

Eines Tages gab es eine Stelle als Manager im Parador von Jaen. Er vergaß seine Meinung über die Oliven und bewarb sich sofort. Und weil er aus Jaén stammte, bekam er den Posten. So kam er zurück, aber er kam mit einem Mercedes, wie ein Conquistador. Denn der Parador von Jaén ist das Beste, was Jaén zu bieten hat. Hoch über der Stadt thront er in einem gewaltigen Castell. Wer hier das Sagen hat, der hat etwas zu sagen. Hier feiert der Bürgermeister die höchsten Feste der Stadt, hier heiraten die reichsten Leute der Gegend, selbst die Olivenkönige, die Latifundienbesitzer der Gemarkung. Aus Barcelona und Madrid kommen zuweilen Popstars und TV-Helden. Und selbst aus den USA reisen Berühmtheiten herbei, denn der Parador von Jaén ist genau so wie man sich eine spanische Ritterburg vorstellt. Und wenn man von den Festungsmauern herunterblickt, dann sieht man, was alle so fasziniert und Francisco so langweilt, Millionen von Olivenbäumen.

Er aber hat es geschafft, sich von ihnen zu befreien. Seine große, weite Welt hat er hier oben gefunden. Und wenn seine Mutter von ihrem kleinen Häuschen heraufschaut, dann ist sie stolz wie eine Mutter nur sein kann. Denn ihr Francisco ist dort oben der Don. Und er hat das beste Olivenöl in seinem Restaurant. Natürlich hat er das. Das aus Jaén nämlich.

Javier
Eigentlich nennt sich jeder Sozialist, der etwas gegen Franco, gegen die Großgrundbesitzer, gegen einen eitlen Bischof oder gegen alle zusammen hatte. Und wenn sein Vater von Franco, den Großgrundbesitzern und Bischöfen spricht, dann klingt das für Javier immer wie eine Geschichte von der Rückseite des Mondes. Manchmal begrüßt er seinen Vater neckend „Sozialist", denn der lächelt dann melancholisch. Das gefällt Javier. Denn er ist so gar kein Sozialist. Er sucht mehr Gefühl als Gerechtigkeit, mehr Frauen als Feminismus, mehr Autos als Autonomie. Seine Freunde sind allesamt keine Sozialisten. Schon das Wort erinnert sie an alte Männer, deren Welt noch Erschießungskommandos aber weder Handys noch Jetskis noch Flachbildschirme kennt. Javier fährt Cabrio, die Armuts- und Kampfgeschichten seines väterlichen Sozialisten kommen ihm wie Gespenstererzählungen vor. Für ihn hat Politik keine Bedeutung, sozialistische schon gar nicht, denn die klingt in den Ohren Javiers nach Grimm und Gestern, oder am schlimmsten: nach Steuern. Javier geht es gut, er ist Programmierer und findet Apple besser als Microsoft. Er geht selten wählen. Doch neulich, als ihm sein Vater erzählte, er habe das erste Mal in seinem Leben bürgerlich gewählt, weil die Sozialisten korrupt geworden seien, da tat es ihm dann doch leid. Denn er spürte, dass die Politik seinem Vater mehr bedeutete als ihm Apple jemals bedeuten kann. Sein Vater kam ihm auf einmal wie herausgefallen vor, herausgefallen aus einer Zeit, die nicht die seine war, aber in der er seinen Vater sicher wähnte.

Maria
Ihr Englisch ist gut ist Amerikanisch. Sevilla ist ihr wie New York wie Shanghai. Sie kommt aus Carmona, wo Andalusien aufhört und Sevilla beginnt. Sie selber hat nie aufgehört zu beginnen. Nicht als sie bei der Dorfprozession die große Kerze trug und noch in der Kir-

che zum Hochaltar schritt, bis der Pfarrer sie bremsen wollte, aber nicht konnte. Nicht als sie auf den Mauern des Parador-Castells das erste Mal geküsst wurde, sich das knarrende Motorrad des Küssers schnappte und durch die leeren Gassen Carmonas jagte. Und auch nicht als ihr Vater sie zum Flughafen nach Sevilla fuhr, um sie zum USA-Studium zu schicken, und sie nicht einmal mehr zur Semana Santa nach Hause kam.

Sie leitet das Investment Banking einer spanischen Großbank, das regionale, das internationale soll es werden, schwört sie sich, wenn sie spätabends um 23 Uhr das gläserne Bürogebäude in Sevilla verlässt, um in einer Tapas-Bar noch einen nächtlichen Absacker zu trinken. Sie hat eine tiefe Stimme, einen festen Schritt und eine fordernde Gestik. Sie trägt französische Kostüme, ohne dass sie französisch aussehen. Sie ist freundlich, aber bestimmt. Ihr ist das Liebliche abhanden gekommen, schon lange, wahrscheinlich schon auf den Straßen von Carmona. Sie will nur ein Kind, wenn es die Karriere zulässt, denn einen Mann dazu hat sie noch nicht, aber das wird sich finden, denkt sie in der gleichen Manier wie sie einen Businessplan der örtlichen Industrie fortschreibt. Sie hat das Selbstbewusstsein eines Fernzugs. Ihre Mutter fragt sie zuweilen am Telefon nach Männern, dann macht sie einen abweisenden Scherz, doch die Mutter hört den Schmerz. Und wenn sie aufgelegt hat, dann fragt sie sich, ob sie nach der Prozession oder nach dem Kuss oder nach dem Flug hätte aufhören sollen weiterzumachen. Aber sie fragt sich nicht lange und macht weiter.

Andreas Drouve

Unterwegs an der „Küste des Lichts"

Glasklares Licht, glasklares Wasser. Versteckte Buchten, Traumstrände ohne Ende. An der Costa de la Luz, der „Küste des Lichts", scheint die Sonne an 330 Tagen im Jahr über 3000 Stunden lang, der Sommer bietet einen idealen Temperaturschnitt von 26 Grad. Die Zahlenspiele verheißen Wohlfühleffekte, verschweigen indes die ungezähmten, heftigen Brisen. In und um Tarifa, dem südöstlichsten Punkt des Küstenstrichs, wirken die Kulissen rau und wildromantisch. Spaniens kontinentale Südspitze ist kein Ziel für jedermann. Statt dessen flitzen Myriaden von Surfern über die Wellen und rühmen die Plätze um das windgepeitschte Städtchen an der Meeresenge von Gibraltar als Paradies. Hier findet sich eine kernige Gemeinschaft aus Kite- und Windsurfern ein, hier rühmen Kenner die langen Ritte, hier sind schon nationale und internationale Champs gekrönt worden. Gewagte Vergleiche kommen auf. Tarifa, ein Stückchen Kalifornien, ein Happen Hawaii. Deutsche und Niederländer kommen regelmäßig, Nordamerikaner, Spanier aus allen Landesteilen. Was den altangestammten Locals zu der bunten Community einfällt? In ihren Augen sind die Wellentänzer schlichtweg die „locos por el viento", die „nach dem Wind Verrückten".

Andernorts glätten sich die Wogen, tummeln sich Familien im Sand. In der Gemeinde Barbate genießen die Strände von Zahara de los Atunes und Los Caños de Meca einen guten Ruf. Auf dem Weg nach Conil de la Frontera schiebt sich das Kap Trafalgar ins Meer und ruft die siegreiche Seeschlacht der Briten ins Gedächtnis. Im Jahre 1805 erlebte Spaniens Flotte, Generationen nach dem Untergang der „Unbesiegbaren Armada", ein erneutes Desaster. Um das Kap finden Beachwalker herrliche Weiten. Beachtliche Strände, die ein ums andere Mal mit der begehrten Blauen Flagge ausgezeichnet worden sind, weist sogar die Provinzmetropole Cádiz auf. Im Stadtgebiet reicht die Auswahl von der Playa de la Victoria bis zur Playa de la Caleta, ein sichelförmiges Areal zwischen den Burgen Santa Catalina und San Sebastián. Weiter nördlich sonnt sich die Gegend von Rota und Chipiona im Glanz von weiteren Stränden, ehe das Delta des Guadalquivir einen natürlichen Schnitt setzt.

In die salzigen Winde des Atlantiks mischt sich der Atem Afrikas. An der Straße von Gibraltar, Nahtstelle zwischen Atlantik und Mittelmeer, zeichnet sich der „Schwarze Kontinent" im Hintergrund ab. Die Landspitze von Tarifa liegt kaum 15 Kilometer von Marokko entfernt – und von dort ist, aus spanischer Sicht, seit ehedem wenig Gutes gekommen. 710 fielen ein paar Hundertschaften Berber im Gebiet von Tarifa ein, doch sollte dies nur das Vorspiel für die epochale maurische Invasion im Jahr darauf sein. Nach ihrer Landung brachten die Muselmanen binnen kürzester Zeit weite Teile der Iberischen Halbinsel unter ihre Kontrolle. Fortan herrschte über Jahrhunderte ein Wechselspiel aus tolerantem Miteinander, Tributpflichten und gnadenlosen Gefechten. Unter der Herrschaft des Kalifen von Córdoba entstand im strategisch bedeutsamen Tarifa im 10. Jahrhundert eine Festung, die mit den Vorstößen der Reconquistastreiter später einen tragischen Schauplatz abgab. 1292 von den christlichen Truppen besiegt, holten die Muselmanen zum Gegenschlag aus und begannen die Burg zu belagern. Im Innern standen die Verschanzten unter der Führung von Alonso Pérez de Guzmán, dessen kleiner

Sohn in die Hände der Glaubensfeinde geriet. Aufgabe der Festung oder Tod der Geisel – als die Muslime ihr Ultimatum stellten, gab es für Pérez de Guzmán keinen Zweifel. Er befahl den Seinen, die Stellung zu halten, und schleuderte laut Überlieferung einen Dolch über die Wehrmauern. „Falls ihr keine Waffe zur Hand habt, um den Jungen zu töten", soll er gerufen haben, wohl wissend, dass es für seinen Spross kein Entrinnen gab. In Andalusien liebt man solche Taten aus Tapferkeit und Ehrgefühl. Kein Wunder, dass der Kommandant Einzug in die Reihe der Heroen gehalten hat: als Guzmán el Bueno, „Guzmán der Gute". Das Kastell von Tarifa trägt bis heute seinen Namen. Apropos heute: Die Gegenwart zeigt, dass der Fall von Granada 1492 kein endgültiger Sieg über die Fremden aus Afrika war. Umfragen belegen, dass neben dem Arbeitsplatzverlust sowie dem Terrorismus der Separatistenorganisation Eta die Wellen illegaler Einwanderer zu Spaniens brennendsten Problemen zählen. Als „Boat People" stranden sie häufig an den Küsten Andalusiens – so wie die Berbertruppen im Frühmittelalter in Tarifa. Statt Eroberungen haben die jetzigen Neuankömmlinge nur eines im Sinn: Arbeit, Arbeit, Arbeit. Da Spanien mit der Instabilität seiner Wirtschaft zu kämpfen hat, darf sich niemand mit offenen Armen empfangen fühlen ...

Szenenwechsel. Leinen los, der Fluss ruft! Naturliebhaber starten im Mittelteil der „Küste des Lichts" einen Schiffsausflug durch das Delta des Guadalquivir, der an die Südgrenze des Nationalparks Doñana stößt. In Sanlúcar de Barrameda, wo sich Fluss- und Meereswasser vermischen, nimmt die Tour stromaufwärts ihren Ausgang und folgt derselben Route, die einst die reichen Handelsflotten bis Sevilla benutzten. Der Wind treibt Schaumkronen vor sich her, das Boot „Buque Real Fernando" hält sich dicht an den Ufern. In moderatem Acht-Knoten-Tempo ziehen Fischerkähne und Festungsreste vorbei, Sandbänder,

Schlammstreifen. Durchsagen tönen übers Deck und stacheln Vogelbeobachter zur Ausschau nach Störchen, Möwen, Milanen und Reihern an. Legt sich Nacht über Doñana, werden in der Einsamkeit andere Bewohner wie die Kleinfleckginsterkatze und der selten gewordene Pardelluchs aktiv. In der Welt der Reptilien tummeln sich Perleidechsen, Stülpnasenottern und Eidechsennattern.

Der Nationalpark, von der Unesco zum Weltnaturerbe ernannt und aus einem Jagdterrain alter Adelsgeschlechter erwachsen, gilt als eines der wichtigsten Feucht- und Vogeldurchzugsgebiete in Europa. Lagunen, Sümpfe, Buschwälder, Dünen und Atlantikstrände setzen sich zum Großmosaik fragiler Ökosysteme zusammen, denen Menschenhand ein ums andere Mal zugesetzt hat. Die Vergehen reichen von Wilderei in großem Stil bis zur Umweltkatastrophe Ende der 1990er Jahre, als aus dem geborstenen Auffangbecken einer Bergbaufirma viele Millionen Kubikmeter hochgiftige Abwässer entwichen. Über derlei unrühmliche Vergangenheit hat sich Vergessen gelegt, ökologische Belange werden ernster genommen – zumindest offiziell.

Am Guadalquivir unterbricht ein Landgang in den Nationalpark den Bootstrip. Wacholder und Blumenwiesen säumen den Pfad zu Ausgucken, doch statt Wildsau und Damhirsch tauchen einzig Moskitoschwärme auf, denen die Ausflügler ein blutiges Festmahl bescheren. Der letzte Stopp hält einen Nachschlag Wildlife bereit. Tausende Krebse im glitzernden Schlick, Flamingos in der Ferne. Dann heißt es „Volle Kraft zurück" nach Sanlúcar de Barrameda, wo sich in Bars und Bodegas die Tore zu andersartigen Feuchtgebieten öffnen. Immerhin befinden wir uns in der weltberühmten Gegend des Sherry – doch das wäre eine neue Geschichte.

Nikolaus Nowak
Flucht ins gelobte Land

Sechs Fackeln stecken zwischen den Strandkieseln, daneben Sträuße mit weißen Nelken. „Wieder hat der Tod Menschen unseres Nachbarlandes aus ihrem Lebenstraum gerissen", predigt Pater José. Drei Dutzend Gläubige sind von der Kirche herunter an den kleinen Strand gepilgert, alte Frauen und Männer, Jugendliche in bunter Sommerkleidung und Mitarbeiter lokaler Hilfsorganisationen. „Herr, gib, dass diese Ungerechtigkeit ein Ende nimmt", beten sie und werfen dann die Nelkensträuße in die Brandung. Dorthin, wo eine Woche zuvor das Schlauchboot in der Dunkelheit auf die Klippen schlug, nachdem die Insassen das Schleppseil vom Patrouillenschiff der spanischen Küstenwacht durchgeschnitten hatten. Dorthin, wo sechs von den zehn marokkanischen Immigranten später tot im seichten Wasser gefunden wurden. Keine 300 Meter neben der Hafenmole von Tarifa.

Tarifa – die Trutzburg. Militärstützpunkt und Sozialheim, Ferienziel und Endstation, südlichster Außenposten Europas und gelobtes Land für Millionen Afrikaner. Keine 15 Kilometer sind es von hier bis zum schwarzen Kontinent. Während tagsüber Europas Surfelite im Sturm über die Wellenkämme reitet, rüsten sich in windstillen Nächten auf der anderen Seite des „Estrecho", wie die Spanier die Meerenge nennen, die Verzweifelten für die große Überfahrt. Keine Woche vergeht, ohne dass die Nachrichten über gefasste oder ertrunkene Boat-People die spanischen Titelseiten bestimmen. Tausende blieben in den letzten 15 Jahren in den Fluten, seitdem Marokkaner, aber immer öfter auch Schwarzafrikaner und sogar Chinesen an das nasse Tor Europas klopfen. 10 000 Menschen wurden im letzten Jahr noch auf See gefasst, 3400 an Land. Doppelt so viele, so vermuten die Behörden, sind durchgekommen. 42 Menschen hat man seit Anfang dieses Jahres tot geborgen, Hilfsorganisationen sprechen von 3924 Toten an beiden Küsten in den letzten fünf Jahren. Ein Massengrab auf dem Friedhof von Tarifa, schmucklos gleich neben dem Hof für die Selbstmörder, hat die vielen namenlosen Leiber geschluckt.

Einer, der immer dabei ist, wenn die Illegalen landen, ist Rodrigo Serrano, Zivilschutzbeauftragter in Tarifa. Doch an diesem Morgen sitzt der 52-Jährige in einer Strandbar und zündet sich eine Zigarette an. „Heute ist nichts los, morgen auch nicht“, sagt er. Ein straffer Levante der Stärke neun peitscht über das Wasser. „Jetzt nehmen sie nur noch Schlauchboote“, sagt Serrano. „50 bis 60 Leute passen in eines, und wenn sie am Strand sind, rennen alle den Hügel hinauf ins Versteck.“ Während die Schwarzafrikaner geduldig am Strand auf ihre Festnahme warten, zerstreuen sich die Marokkaner nach der Landung in alle Himmelsrichtungen. Denn mit dem Königreich besteht ein Rücknahmevertrag für die Illegalen, die stets ohne Papiere aufbrechen. Deshalb bringt die Küstenwache Guardia Civil, die inzwischen mit Satellitenunterstützung und Infrarotsichtgeräten arbeitet, die Flüchtlinge am liebsten auf hoher See auf.

„Punta Paloma, Playa Bolonia, Barranco Hondo“, zählt Serrano die üblichen Landebuchten auf, während sein Finger über eine Landkarte streicht. „Die Schlepper sind glänzend organisiert“, sagt er. Entlang der Küstenstraße N 340 sieht man immer wieder einzelne Kleidungsstücke an Begrenzungspfählen oder übereinander getürmte Cola-Dosen. „Das sind Zeichen, an denen die Immigranten von ihren Kontaktpersonen abgeholt werden." Serrano fand bei den Boat-People detaillierte Pläne des Hinterlandes, in denen Sammelpunkte mit den Namen spanischer Städte wie Murcia, Tarragona oder Almería markiert waren. „Das sind die Bestimmungsorte, wo die Menschen illegal auf den Feldern arbeiten und ihre Schulden für die Überfahrt abstottern müssen", sagt er. Wer aber den Sammelpunkt nicht findet, irrt tagelang durch das trockene Hügelland, ohne Wasser und Nahrung. Ausgedörrt und verängstigt steigen manche in der Nacht zu den Höfen hinab und betteln um Wasser und Essen.

„Diesen Menschen muss man helfen", sagt Serrano, der Tag und Nacht neben seinem Funkgerät harrt. Seit 18 Jahren arbeitet er für den Zivilschutz, 16 Jahre davon ehrenamtlich. Viele Spanier engagieren sich, zahlreiche Bürgerorganisationen in Tarifa, darunter das Christliche Aufnahmezentrum für Immigranten (CAI), arbeiten im Verborgenen. Der Arzt Francisco Sánchez behandelt in der örtlichen Krankenstation die Einwanderer. María García (Name geändert) hat in den letzten zwölf Jahren mehr als 100 Illegale in ihrer Wohnung versteckt und ein Netz zur humanitären Hilfe für die Boat-People geschaffen: von Kleidersammlungen über Telefonberatung bis hin zu Bustickets, mit denen die Menschen ins spanische Hinterland geschafft werden. Als eine Mitarbeiterin wegen Verstoßes gegen das Ausländergesetz zu 1500 Euro Strafe verurteilt wurde, sammelte die Gemeinde und erhielt sofort das Dreifache an Spenden. „Wer das Elend täglich miterlebt, will etwas tun", sagt García. „Hier sterben mehr Menschen als durch den Terrorismus der ETA [baskische Terrororganisation]", so die Aktivistin, die zusammen mit ihrem Mann derzeit den jungen Marokkaner Khaled versteckt, für den sie seit Dezember um einen Job und damit für ein Bleiberecht kämpft.

„Ich habe es fünf Mal versucht“, erzählt Khaled seine Geschichte, die er mit so vielen seiner marokkanischen Altersgenossen teilt. Einmal wollte ihn ein Freund über Tunesien nach Sizilien schmuggeln. Doch die Sache flog auf. Einmal beantragte er ein Visum. Das wurde abgelehnt. Dann schickte ihm sein Bruder, der es nach Italien schaffte, eine Einladung. Für ein Visum reichte auch das nicht. Dann die gefälschten Papiere eines anderen Bruders, der bei Marokkos Staatsbahn jobbt – Fehlanzeige. Und dann die „Patera“, das Floß, wie die illegale Bootsverbindung bei den Spaniern heißt. Dafür zahlte Khaled 1000 Euro, Erspartes und Geld der Familie, den Rest auf Pump bei der Menschenmafia, an der so viele mitverdienen, dass niemand ernsthaft gegen das Geschäft vorgeht.

„In meinem Dorf hinter Casablanca sprechen alle vom Abhauen. Zu Hause wartet nichts. Also riskiere ich lieber mein Leben“, sagt der 24-Jährige. „Eines Tages werde ich zurückkehren. In einem Auto. Wie mein Onkel aus Paris.“

Hans Magnus Enzensberger
Spanische Scherben. Andalusische Identität heute

Nach der Corrida gibt Don Antonio Ortoñez in seinem Stadthaus zu Sevilla einen kleinen Empfang. Streng genommen – und hier geht es um Nuancen, die man gar nicht streng genug nehmen kann – handelt es sich nicht um einen Empfang, oder ein Fest, oder eine Party, sondern um eine „tertulia". Diese traditionelle Form altspanischer Geselligkeit überlebt heute nur noch in der Provinz. Die Etymologen behaupten, das Wort leite sich von dem Namen eines Kirchenvaters her. Quintus Septimius Tertullianus ist schon lange tot, aber die Gewähltheit seines Ausdrucks, der „dunkel und glänzend wie Ebenholz" gewesen sein soll, seine Streitsucht und seine Neigung zur Haarspalterei müssen auf die Spanier einen großen Eindruck gemacht haben; anders wäre es kaum zu erklären, dass sie heute noch ihr Glas in seinem Namen erheben.

Der Gastgeber des Abends ist ein schwerer, rotgesichtiger Mann, der sich mit überraschender Finesse bewegt und einen ungewöhnlichen Sinn für Etikette an den Tag legt. Obwohl er zwei Kellner engagiert hat, schenkt er seinen Gästen selbst den Sherry nach. Hier kommt es auf die Geste an und auf eine Zuvorkommenheit, zu der der Ruhm verpflichtet. Don Antonio war einmal ein gefeierter Torero.

Der dreieckige, weißgekalkte Raum, mit roten Ornamenten sparsam bemalt, ist einfach bis zur Kargheit. Zwei riesige Stierhäupter, ein Devotionalienbild von der „Kanonischen Krönung des hoffnungsreichen

Bildes von Triana" mit Zweigen verziert, und ein paar bunte Lampions sind der einzige Schmuck. Dennoch hat die Szene die Eleganz eines Salons.

Die Habitués haben, soviel ich sehen kann, nur eines gemeinsam: ihre Allwissenheit in allen Fragen des Stierkampfes. Er ist ihr universeller Text. Alle beteiligen sich an der Exegese: der Historiker in Designer-Jeans, der die Sonnenbrille nie abnimmt; die Dame vom Rundfunk; der Bauunternehmer, der sich über Nacht in einen sozialistischen Politiker verwandelt hat; die Soziologen, früher mit dem Feminismus, heute mehr mit Modeproblemen beschäftigt; der Rektor der Sommeruniversität; und die Studentin aus guter Familie, blass, unwissend, fatalistisch. „Was kommt, kommt", sagt sie mir ins Ohr. „Ich habe keine Projekte. Ich bin niemand. Die Zukunft existiert nicht." Der Gastgeber aber hört sich, großmütig, schweigend, die metaphysischen Deutungen des Stierkampfs an, die seine Freunde zwischen zwei Schinkenbrötchen entwickeln.

Rätselhaft bleibt, wie die französische Touristin in diesen Kreis geraten ist. Sie hat sich als Andalusierin verkleidet. Ganz in schwarze Spitze gehüllt und verruchte Blicke in die Runde werfend, erzählt sie von ihrem Lieblingsautor, dem Marquis de Sade, über den sie promoviert; aber ihr Kleinbürgertum trägt ohne weiteres den Sieg über Folklore und Dämonie davon. Während sie mit ekstatisch geschlossenen Augen und kippender Stimme die Arie der Carmen zum besten gibt, zeigt sich ein kleines Doppelkinn. Alle Welt applaudiert begeistert. Alte spanische Tugenden, die man schon verloren glaubte, erheben an diesem Abend ihr Haupt: bewunderungswürdige Geduld und grenzenlose Höflichkeit.

Am andern Tag folgt die Wallfahrt zu den Stieren auf Don Antonios Farm El Judío. Der Grundriss des Geheges ist labyrinthisch: ein verwickeltes System von Falltüren, Waaghäuschen und Gängen öffnet sich auf eine kleine Arena hin. Von der Loge aus können die Käufer und ihre Damen die Stiere bewundern. Andächtiges Flüstern. Für jede Farbnuance des Fells, für jede Altersstufe, für jeden Fehler im Bau und in der Haltung der Tiere gibt es einen eigenen Ausdruck. Die meisten wird man im Wörterbuch der Königlichen Akademie vergeblich suchen; sie dienen nur der Verständigung der Eingeweihten.

Don Antonios Ranch ist eine der 200 Stierfarmen, die für den Nachwuchs der Tauromachie sorgen. Aber nur fünfzehn dieser Züchter werden ernst genommen. „Die andern haben sich bloß aus Eitelkeit auf dieses Abenteuer eingelassen, das weit mehr Geld kostet als es bringt. Sie sind zur Stierzucht gekommen, so wie andere Präsident eines Fußballklubs werden: mit dem Scheckbuch in der Hand."

Es ist der allwissende Universitätsprofessor, der mir diese Aufklärung zuteil werden lässt.

Beim Mittagessen – Langusten, Perlhuhn und Reis – kommt Don Antonio auf die Politik zu sprechen. „Ich bin", ruft er, „unabhängig, rechts und liberal." Der König sei ein Feigling, und was Felipe Gonzáles betreffe, so habe der sich noch nie einen Stierkampf angesehen; schon daran könne man ersehen, wes Geistes Kind er sei. Die jugendlichen Akademiker werfen einander bekümmerte Blicke zu. Es ist ganz und gar nicht comme il faut, was der Maestro da äußert. Der linke Soziologe versucht, rasch das Thema zu wechseln. Aber der alte Torero lässt sich seine „estocada" nicht nehmen: „Ja, ja, mein Freund, wir leben in einer linken Diktatur!"

Wird Don Antonio noch einmal in den Kampf ziehen? Wird er als Abgeordneter für das Parlament kandidieren, und wenn ja, für welche Liste? Den Schleier dieses Geheimnisses habe ich nicht lüften können. Aber sollte er zum Streit gegen die Windmühlenflügel des Sozialismus antreten, so gibt es nur einen Ort auf der Welt, wo er eine gute Chance hätte, gewählt zu werden: seine Heimatstadt Ronda. Dort sind heute schon die Reliquien seines Kultes zu besichtigen, im Stierkampfmuseum: ein Taufbild, ein Foto, auf dem er als Fünfjähriger die „muleta" schwingt, ein grässliches Ölgemälde, auf dem die ganze „Dynastie Ortoñez" abgepinselt ist, Aufnahmen, die ihn mit Orson Welles und dem unvermeidlichen Hemingway zeigen, eine Urkunde, die ihn zum „Lieblingssohn der Stadt" ernennt, und, auf eine Messingplatte montiert, die ausgestopften Ohren, die er 1980 seinem letzten Stier abgeschnitten hat.

„Andalusien", sagt er mir zum Abschied, „entzückt mich, weil es so romantisch ist."

Gibt es eine andalusische Kultur? Ich hatte immer den Eindruck, dass sie, lange bevor das Wort Kitsch erfunden war, unter einer dicken klebrigen Schicht von Imitationen verschwunden ist. Aber nein! Ihr Verteidiger, ein ernster Studienrat, belehrt mich eines Besseren. „Indem sie sich ausstellt", sagt er, „verbirgt sich unsere Kultur; sie lässt sich überrollen, und dadurch überlebt sie. An dieser Strategie sind bisher noch alle Eroberer gescheitert: die Phönizier und die Römer, die Vandalen und die Westgoten, die Araber und die Könige von Kastilien. Wir haben die napoleonischen Invasoren korrumpiert, und wir werden auch mit dem Tourismus fertig werden. Die Anpassung ist unsere stärkste Waffe, sie macht uns unüberwindlich."

Ich habe Mühe, seinen Worten zu folgen; denn wie alle Kneipen der schönen Stadt Sevilla wird auch das kleine Restaurant, in dem wir sitzen , von unermüdlichen Musikantenscharen heimgesucht, die uns mit ihrer dröhnenden Version des Flamenco bekanntmachen.

„Achten sie nicht darauf! Ich habe zwanzigtausend echte ‚coplas' gesammelt und aufgezeichnet. Niemand außer mir weiß, was Flamenco ist! Ein Leben reicht nicht aus, um die dichterische Kraft dieses Landes zu erfassen." Die aufgerissenen Augen hinter den Brillengläsern verraten den hemmungslosen Patrioten. Auch an seiner Tirade fällt die Allwissenheit auf. Prähistorie und Hydrographie, Mythologie und Botanik, Literaturgeschichte und Mineralogie, alles beweist die Einzigartigkeit seiner Heimat. „Ohne uns wären die Hexen Europas verloren gewesen, denn die Wurzel der Mandragora wächst nur hier, am Unterlauf des Guadalquivir. Ohne Andalusien gäbe es keine spanische Zivilisation und keine europäische Kultur." Die Belege für diese These stammen aus der Eiszeit und aus dem Mittelalter, aus der römischen Antike und aus der Gegenwart. Alles raunt und bedeutet, alles ist gleichzeitig, alles wird zur Wünschelrute bei der zelotischen Schnitzeljagd der Heimatkunde.

„Unter uns gesagt, sie gehen mir auf die Nerven, die Bannerträger der andalusischen Identität", sagte mir ein alter Gewerkschaftler, den ich um Auskunft bat. „Vor einem guten Jahr brachen die Zeitungen der Region in einen Taumel der Begeisterung aus. Ein Paläontologe war bei Ausgrabungen auf ein paar Gebeine gestoßen; seine Expertise ergab, daß es sich um die ältesten Menschenfunde der Welt handeln müsse. Damit war endlich der Beweis erbracht, daß Andalusien diese Wiege der Menschheit ist. Nach ein paar Wochen stellte sich heraus, daß es Eselsknochen waren. Ein Dementi habe ich der hiesigen Presse nicht entnehmen können. Sie studieren alle Nuancen des Dialekts, die Leute, aber das Wort Agrobusiness nehmen sie nicht in den Mund. Zwei Prozent aller landwirtschaftlichen Betriebe bewirtschaften in Andalusien die Hälfte der gesamten Anbaufläche. Das ausländische Großkapital kauft den alten, korrupten Grundbesitzern ihre Güter ab und mechanisiert die Landarbeit. Wir haben 23 Prozent Arbeitslose in der Region, und in den nächsten Jahren wird ihre Zahl sich verdoppeln. Die andalusische Kultur, mein Lieber, kann mir den Buckel runterrutschen."

Hans Gasser

Der verlorene Stier

Mit dem Stier arbeiten. So nennt man das, wenn der Matador den Kampfstier reizt, um ihn schließlich mit einem Schwertstoß zu töten. Auch Felix Tejado arbeitet mit den Stieren, seit nun fast 50 Jahren. Dabei ist er kein Torero, nicht einmal ein Ganadero, ein Kampfstierzüchter. Und dennoch ist er Herr über 93 Stiere in ganz Spanien, ihr Wohl hängt allein von ihm ab. Seine Stiere sind mit Sicherheit die größten und schwersten im ganzen Land. Vom Fuß bis zu den Hörnern messen sie genau 13 Meter und 80 Zentimeter und bringen 4000 Kilo auf die Waage. Sie sind schwarz und sehen so aus, als wollten sie jeden Moment auf einen losstürmen. Dass man seine Stiere einmal begnadigen würde, wie es nur den mutigsten Kampfstieren geschieht, hätte sich der Kunstschmied wohl nie träumen lassen. Felix Tejado steht in seiner mit Wellblech umzäunten Werkstatt am Stadtrand von Puerto de Santa Maria und sagt: „Der Stier wurde mit einer solchen Kraft geboren, weil es die Stadt der Heiligen Jungfrau ist.“ Der Stier, den er meint, wurde vor 50 Jahren geschaffen. Der Designer Manolo Prieto, sein Onkel, erhielt von der Bodega Osborne den Auftrag, ein Symbol zu entwerfen, um für die hauseigene Brandymarke Veterano zu werben. Prieto wählte das für Andalusien Nächstliegende, einen Stier. Und sein Neffe Felix, der schon vorher in der Bodega von Osborne Schmiedearbeiten verrichtet hatte, erhielt den Auftrag, den Stier als Werbesymbol zu bauen und an den Straßen aufzustellen. Zunächst experimentierte man mit hölzernen Stieren, sieben Meter hoch, mit weißen Hörnern.

Doch dem Firmenchef war dies zu klein, die Stiere waren nicht von weitem zu sehen, und so gab er dem jungen Kunstschmied den Auftrag, einen Stier zu bauen, der „so groß wie technisch möglich" sein sollte. „Dass es genau 13,8 Meter wurden, ist kein Zufall", sagt der 70-Jährige, der mit drei Söhnen den Familienbetrieb führt. Die Lastwagenladefläche hatte damals eine Breite von 2,4 Metern. Darauf passten vier 60 Zentimeter breite Gerüste, die den Stier auch bei Wind und Wetter aufrecht halten. Um das Ganze so günstig wie möglich zu gestalten, sollte der Stier gerade so hoch sein, dass man alle Gerüstteile und Metallplatten auf einen Lastwagen laden konnte. So kam man bei vorgegebenem Design und der Mindestbreite der Gerüststützen auf die Höhe von 13,8 Metern sowie auf 56 Metallplatten von knapp vier Quadratmetern Fläche. „Bis heute ist das genau gleich geblieben", sagt Teljado stolz, „nur die Montagetechnik haben wir verbessert." Wer von Jerez de la Frontera die zehn Kilometer nach El Puerto de Santa Maria an der Atlantikküste fährt, sieht schon aus der Ferne den schwarzen Stier auf einer Anhöhe, zunächst noch wie ein kleines Insekt, das immer größer wird und schließlich finster und bedrohlich auf die winzigen Autos hinunterblickt. 93 dieser Stiere sind entlang Spaniens Fernstraßen aufgestellt, allein 21 davon stehen in Andalusien. Dass sie immer noch dastehen, mag für viele Andalusier fast an ein Wunder grenzen, und nicht wenige werden es der Fürbitte der „Virgen de los milagros" zuschreiben, die in El Puerto verehrt wird. 1988 musste der Schriftzug auf den Toros entfernt werden, 1994 sollte ein Gesetz durchgesetzt werden, wonach Werbetafeln an Straßen grundsätzlich verboten wurden.

Als jedoch das Volk, sonst dem Töten von Stieren euphorisch zugetan, von dem Todesurteil über die

Osborne-Stiere hörte, regte sich heftiger Widerstand. Tausende Bürger protestierten vor dem Ministerium für öffentliche Bauten in Madrid, der Kulturverband España Abierta sammelte Unterschriften, Zeitungen im In- und Ausland ergriffen Partei, ein Radiosender gründete sogar einen Verein zur Rettung der Osborne-Stiere. 1997 schließlich entschied der Oberste Gerichtshof, dass die Silhouette des Stieres „heute nicht mehr dem ursprünglichen Werbeziel entspricht und in der Landschaft als integriert gilt". Die Stiere waren begnadigt, wie die Menschen es in Anspielung auf die Corrida nannten. In Andalusien wurden sie sogar zu Monumenten und damit zum kulturellen Erbe erklärt. Vielleicht ist es kein Zufall, dass diese spanische Nationalikone gerade aus El Puerto kommt, das am südlichsten Ende des sogenannten Sherry-Dreiecks liegt. Aus dieser Region kommt alles, was im Ausland auf die Schnelle mit Spanien assoziiert wird: der Sherry, der Stierkampf, der Flamenco. Nicht zu vergessen der Schinken, dessen Träger, das iberische Pata negra-Schwein, in den Bergen der Sierra Morena die Eicheln findet, die dem „Jamon" den speziellen süßlich nussigen Geschmack verleihen. In der Pfarrkirche von El Puerto hat man wohl deshalb der lebensgroßen und in echte Gewänder gehüllten Figur des Heiligen Antonius, Schutzpatron der Tiere, ein kleines schwarzes Schwein zu Füßen gestellt.

In der im 13. Jahrhundert als Dank für die Rückeroberung von den Mauren begonnenen Kirche ist ohnehin allerhand Interessantes zu sehen. In zahlreichen Kapellen stehen sehr lebendig aussehende Figuren, die meist Jesus und Maria darstellen. Jesus im weißen Gewand, mal stehend, mal knieend, mal im Lendenschurz. Daneben Maria, in prunkvolle bestickte Gewänder gehüllt, ums Haupt einen enormen Strahlenkranz aus Gold- oder Silberblech. In der Hauptkapelle steht die Virgen de los Milagros, die wundertätige Jungfrau, die hier verehrt wird. Außer ihrem noch viel üppigeren Gewand sieht man nur ihr Gesicht, und das ist schwarz. Ein Phänomen aus den Zeiten der Kreuzzüge, ein Tribut ans nahe gelegene Afrika, eine Beschwörung, dass man selbst die Mauren katholisch machen werde, der Deutungen gibt es viele.

El Puerto hat etwa 70 000 Einwohner, ist ein im Schachbrettmuster gebautes typisch andalusisches Städtchen mit niedrigen Häusern und bunt gekachelten Hauseingängen, mit vielen kleinen Bars, in denen die verschiedenen Sherrysorten direkt aus den Holzfässern gezapft werden und die fetttropfenden Schinken über der Theke hängen. Sieben große Bodegas, also Sherry- und Brandyhersteller, gibt es hier. Von hier wurden und werden die Fässer in alle Welt verschifft. Und von hier, so erinnert eine Tafel an der Mauer des Kastells, das früher mal eine Moschee war, segelte Kolumbus im Namen Gottes und der Krone Kastiliens im September 1493 zum zweiten Mal in die neue Welt. Das Religiöse ist hier omnipräsent. Im 1874 gebauten Mercado de la Concepcion wird jeden Tag Fisch und Fleisch aller Couleur angeboten: Schwein und Rind sowie Hühner und Hasen, die an Haken in die Kühlvitrine gehängt wurden und aussehen, als würden sie Männchen machen. Sardinen, Sardellen, winzige orangefarben, Fischchen, Meeresschnecken, die „Canaillas“ heißen, Goldbrassen und Dornhaie, die mit flinkem Messer enthäutet, ausgeweidet und filetiert werden. Und zwischen all den stark riechenden Fischständen hat man in einer verglasten Marktnische eine Kapelle für die Inmaculada, die Unbefleckte, eingerichtet, die entrückt von einem Ölbild schaut. In der Marktkneipe da Vicente herrscht an Vormittagen Hochbetrieb.

Unter großen, an die hohen Wände gemalten Brandy- und Sherrywerbungen sitzen Alt und Jung an Resopaltischen, trinken Kaffee oder Vino Fino, den feinherben Sherry, der nur im hiesigen Mikroklima gedeiht. Über der Theke hängt ein gerahmtes Bild mit dem Titel „La muerte de Manolete". Es zeigt einen toten Matador auf einer Bahre liegend, bis zur Hüfte bedeckt mit einem rosa Tuch. Daneben kniet eine Frau in schwarzem Schleier und weint in ihre Hände. Über der Bahre schwebt ein monströser Stier, als wäre er vom Himmel gekommen. Manolete war einer der berühmtesten Matadore der Geschichte.

Er wurde 1947 von einem Stier aufgespießt. Das Bild erinnert sehr an Jesus- und Mariendarstellungen in der nahen Kirche, und das ist wohl auch so beabsichtigt. El Puerto ist ein Zentrum der Aficionados und besitzt die drittgrößte Stierkampfarena Spaniens. Sie wurde 1880 von einem gewissen Tomas Osborne Böhl de Faber errichtet, an den auch eine Inschrift im Eingangsbereich der Plaza de toros unter einem großen präparierten Stierkopf erinnert.

Er war der Sohn jenes Tomas Osborne, der zu Beginn des 19. Jahrhunderts damit begann, mit Sherry und Brandy zu handeln und den Grundstein zu einer der größten Bodegas Andalusiens legte. Sein Nachfahre in sechster Generation, auch er Tomas Osborne mit Namen, leitet heute als „Presidente" die Geschicke des Betriebs, dessen nahezu 200 Teilhaber alle aus der eigenen Familie kommen. Tomas Osborne der Sechste, ein jovialer Endfünfziger, steht nun in den repräsentativen Räumlichkeiten seiner Bodega in El Puerto und äußert sich etwas besorgt darüber, was da mit seinem Stier, seinem Werbesymbol, geschehen ist. „Wir sind besorgt", sagt er, „der Stier läuft Gefahr, uns verloren zu gehen."

Viele sähen in der schwarzen Stiersilhouette nur noch ein Nationalsymbol und wüssten gar nicht mehr, dass er eigentlich für Sherry und Brandy werbe. Erneut eine Schrift auf den Stieren anzubringen, wie das früher war, ist jedoch verboten. Und so bleibt die Beschriftung der Stiere denen überlassen, die der Menschheit schon immer mal eine Botschaft übermitteln wollten. Felix Tejado, der Kunstschmied, weiß da einiges zu berichten. Immer wieder rufen ihn Bus- oder Lastwagenfahrer an, um zu sagen, dass bei dem Toro an der und der Straße etwas nicht stimme. Bei Alcalá, da habe es mal einen anonymen Künstler gegeben, der nachts den Stier wie eine Flamencotänzerin bemalt habe, so dass dieser „ziemlich schwul" ausgesehen habe, wie Tejado erzählt und schmutzig dabei lacht.

Andere schreiben Botschaften gegen Atomkraft oder den Stierkampf drauf, oder einfach nur: „Maria te quiero". Wieder andere hätten einmal einem Stier den Hoden geklaut. Tejado sieht das nicht so eng, obwohl er dann ausrücken muss, um die Verzierungen zu beseitigen: „Viele verwechseln unsere Stiere mit Stieren aus Fleisch und Blut, dabei ist es reines Kunsthandwerk aus El Puerto." Der häufigste Schaden rührt aber ohnehin nicht von Menschenhand. Das spitze Schwanzende muss sehr oft repariert werden. Das liegt daran, dass es weit zum Boden reicht und die Weiderindviecher sich gerne daran scheuern.

Alois Weimer

Federico García Lorca – ein andalusischer Hund

Im April 1928 erscheint im Verlag der „Revista de Occidente“ in Málaga ein Buch unter dem Titel „Romancero gitano“. Der Gedichtband enthält 18 Romanzen und ist in wenigen Tagen vergriffen. Die Kritik ist des Lobes voll, und der Ruhm des dreißigjährigen Federico García Lorca verbreitet sich schnell in Andalusien, über ganz Spanien, ja über dessen Grenzen hinaus. Der junge Poet ist überglücklich, feiert in der Familie und mit Freunden den großen Erfolg und bedankt sich überschwänglich „bei den berufenen Kritikern für ihren bewunderungswürdigen Enthusiasmus“.

Aber nur kurze Zeit kann Federico García Lorca sich dem Rausch des Ruhmes hingeben. Die Hochstimmung wird jäh unterbrochen; mitten im Hoch trifft den Dichter das Leid, das ihn zu „zerfressen, zerbrechen und zerstoßen“ droht. An den Freund Jorge Zalamea schreibt er: „Ich bin in diesen Tagen mit festen Willen über einige der schmerzlichsten Augenblicke meines Lebens hinweggekommen. Du kannst Dir nicht vorstellen, was es heißt, ganze Nächte auf dem Balkon zu verbringen, ein nächtliches Granada vor Augen, leer für mich, und ohne auch nur den geringsten Trost.“ Eine Wolke hat den Sonnenschein getrübt, der Donner den Mittag zerbrochen.

Aus dem Brief vom 8. September 1928 an den Kunstkritiker Sebastian Gasch erfahren wir die Ursache: „Gestern habe ich von Dalí einen sehr langen Brief über mein Buch bekommen. (Hast Du es schon erhalten, ich habe es Dir vor einigen Tagen geschickt.) Einen scharfsinnigen und eigenmächtigen Brief, der eine interessante poetische Debatte eröffnet."

Mit der ihm eigenen Großmütigkeit reagiert Federico García Lorca auf die harte, verletzende Kritik von Salvador Dalí, obwohl ihn der Ton des Freundes hart getroffen hat. Vor allem die abwertende Bemerkung über den „folkloristischen Charakter des Ganzen" und der überhebliche und selbstgerechte Vorwurf über die „vom Anachronismus entstellte gefühlsmäßige Wertschätzung" haben wehgetan. Und dann der abwertende, abstoßende Tiefpunkt des Briefes: „Deine augenblickliche Poesie steht völlig im Traditionellen, ich sehe in ihr die gewaltigste poetische Substanz, die je existierte, aber (...) völlig den Regeln der alten Poesie verbunden, unfähig, uns zu ergreifen oder unseren jetzigen Wünschen zu entsprechen. Deine Poesie ist mit Händen und Füßen an die alte Dichtkunst gebunden. Du magst vielleicht gewisse Bilder für gewagt halten – Du findest vielleicht in dem, was Du schreibst, eine stärkere Dosis Irrationalität als vorher, aber ich kann Dir sagen, dass Deine Poesie sich im Inneren des erlauchten Rahmens der abgedroschensten und konformistischsten Gemeinplätze bewegt."

Dieser Brief beendet eine Freundschaft, die in der Residencia de Estudiants, einem Universitätsinstitut zur Studienförderung hochbegabter Studenten, in Madrid begonnen hatte. García Lorca ist 1919 nach der Abiturprüfung, die er an einer Jesuitenschule in Granada abgelegt hat, in das Haus auf dem „Pappelhügel" gekommen, wo die junge Elite Spaniens an „den höchsten Formen von Liberalität und Toleranz im Leben und in der Kultur Europas" orientiert wird. Hier lernt García Lorca 1922 Salvador Dalí kennen, der bald sein bester Freund wird. Jeder ist von der künstlerischen Art des anderen tief beeindruckt. Dalí bewundert den gerade ein Jahr zuvor erschienen „Libro de Poemas". Aus diesem Gedichtbuch lernt er den am 5.

Juni 1898 in Fuente Vaqueros, nahe Granada, als Sohn eines Großgrundbesitzers und einer Dorfschullehrerin geborenen Freund genauer kennen. Dalí erspürt den jugendlichen Drang in diesen Versen und den maßlosen Eifer bei der Suche nach der eigenen Person, er erahnt die Sehnsucht des Freundes nach Kindheit und Vergangenheit und das Ringen mit Zeit, Liebe und Tod.

Dorf
Auf kahlem Bergesrücken
ein Passionsweg.
Klares Wasser,
Oliven, hundertjährig.
In schmalen Gäßchen
eingemummte Männer,
und auf den Türmen
drehn sich Wetterfahnen.
Drehen sich immer
und ewig.
O verlorenes Dorf du
im klagevollen Andalusien!

Vor allem fasziniert Dalí im Gedichtszyklus „Cante Jondo" die überschäumende Leidenschaft und innere Glut, die sinnenverwirrende Vielfalt und die klagende Wehmut des leidgeprüften andalusischen Volkes. Er weiß, dass Federico García Lorca hier den „andalusischen Urgesang" nachgeahmt und wie der cante jondo den unendlichen Tönungen des Schmerzes der Grausamkeit und der Unterdrückung nachgespürt und ihnen Ausdruck verliehen hat.

Aber auch Federico García Lorca wird von den Bildern Dalís und dessen Bestimmtheit gefangen genommen. García Lorca nennt es im Gegensatz zum Andalusischen das Katalanische, was er an Dalí so schätzt. Geradezu enthusiastisch schreibt er nach einem Besuch in Figueras, wo Dalís Vater Notar ist, und in

Cadaques, wo er mit der Familie Dalí in deren Haus am Meer die Sommermonate 1925 verbringt und die Schwester Dalís schätzen und lieben gelernt hat: „Alles in Cadaques war so schön, dass es mir wie ein guter Traum vorkommt. Vor allem das Erwachen und das Sichfinden ‚mit jenem', was man da vom Fenster aus sieht."

Salvador Dalí personifiziert Katalonien, Federico García Lorca verkörpert Andalusien – und der Dichter ist besessen von der Idee, diese beiden zu vereinen. An Sebastian Gasch schreibt er am 7. April 1928: „Wie Du siehst, wachsen Andalusien und Katalonien dank uns von Tag zu Tag mehr zusammen. Das ist sehr wichtig, auch wenn man es heute noch nicht erkennt; eines Tages wird man es erkennen." Und selbst am 8. September 1928, nachdem er tags zuvor den beleidigenden Brief von Dalí erhalten hat, macht er den letzten Versuch, die beiden Pole zu verbinden, zwischen denen für García Lorca das Leben schwingt.

„Vergiss nicht, Dalí nahezulegen, er möchte nach Granada kommen. Wir müssen uns wegen vieler Dinge sehen. Überdies müssen wir eine Nummer über Dalí vorbereiten und, wenn das Geld reicht, vielleicht über die ganze moderne katalanische und andalusische Malerei. Um zu beweisen, dass nur diese beiden Mittelmeergebiete auf der Halbinsel triumphieren."

Doch Dalí kommt nicht nach Granada, er wendet sich ganz ab vom Andalusischen, will plötzlich nichts mehr wissen von García Lorcas Orientierungswerten, die nicht allein im vernünftigen Denken, sondern in einer über den Verstand hinausgehenden geistigen Welt gründen. Dalí will sein Tun und Verhalten nicht länger an einer Tradition orientieren, sondern allein an seinen individuellen Reflexionen. Die „surrealistische Moral" zwingt ihn, „an der Zerstörung und Verächtlichmachung der sensiblen und intellektuellen Welt teilzuhaben. Wir müssen all das in den Schmutz ziehen, was rechtschaffenen Gefühlen, was humanitären

Gefühlen ähnelt.“ Das trifft García Lorca wie ein Schlag.

Dabei hätte er schon in Madrid bemerken können, dass Dalí nicht nur der verständnisvolle Literaturkenner und Freund gewesen ist, sondern auch ein böser Spötter, der sich über den Hinterwäldler aus dem fernen Andalusien lustig gemacht hat. Schon in der Residencia hat der stolze Katalane die andalusischen Dichter, die in ihrer Heimat wurzeln, und die andalusische Tradition bejahen, spöttisch „revolutionäre Poeten“ und „andalusische Hunde“ genannt. Seinen Freund García Lorca hat er von solchen Beschimpfungen nicht ausgenommen, und gute Bekannte haben schon damals den Dichter darauf aufmerksam gemacht, dass die Freundschaft mit Dalí nicht auf festem Grund basiere und schon viele Risse zeige. Der Dichter Rafael Aliberti erinnert an eine Zeichnung Dalís, auf der das mitfühlende Verständnis García Lorcas für die andalusische Landschaft, Geschichte und Kultur grausam verspottet wird.

„Mit einem gewissen, sehr katalanischen Ernst, aber doch mit einem verborgenen, sehr außergewöhnlichen Humor, den keiner seiner Gesichtszüge verriet, erklärte Dalí, was auf jedem Bild geschah, und er offenbarte so sein unbestreitbares literarisches Talent. ‚Das hier ist das kotzende Tier‘. Es war ein erbrechender Hund, der eher das Aussehen eines Packens Werg besaß.“

Federico García Lorca hat damals die Eskapaden des Freundes nicht ernst genommen, aber in der Tiefe der Seele sind doch Verletzungen zurückgeblieben. Und das Bild vom kotzenden Tier kommt wieder an die Oberfläche, als Dalí 1929 mit Buñuel den Film „Der andalusische Hund“ dreht und den Dichter damit vor allem vor den Freunden öffentlich bloßstellt und beleidigt. García Lorca fühlt sich und seine Lebensaufgabe – die Vereinigung von Katalonien und Andalusien, von Geist und Natur, von Tradition und Fortschritt, von

Licht und Schatten, von Freiheit und Gebundenheit, von Freude und Leid – verraten: Er fällt in tiefe Depressionen, enttäuscht von dem Menschen, den er in der berühmten „Ode an Salvador Dalí" so verherrlicht hat.

O Salvador Dalí, olivenfarbenstimmig:
Nicht rühm / ich deinen unvollkommnen, jugendlichen Pinsel,
nicht deine Farbe, die um die Farbe deiner Zeit herumkreist,
doch lob / ich deine Sehnsucht nach begrenzter Ewigkeit …
Ich singe deine schöne, kräftige Müh voll Kataloniens Lichtern,
und deine Liebe auch zu dem, was eine mögliche Erklärung hat,
ich sing dein Herz, das stark und astronomisch ist,
und ist wie ein französisch / Kartenspiel und unversehrt …
Vor allem aber sing ein uns gemeinsam Denken ich,
das uns vereinigt in den dunklen und den goldnen Stunden.
Nicht ist die Kunst das Licht, das uns die Augen blendet.
Die Liebe ist zuerst, die Freundschaft oder auch das Fechten …

Man kann nur von Glück sprechen, dass dem Dichter die erniedrigenden Erklärungen Dalís über die Homosexualität García Lorcas erspart geblieben sind, ganz zu schweigen von den pietätlosen Diffamierungen des Malers über die Folter und den Tod des ehemaligen Freundes.

Der Vater sieht den Sohn leiden, der sich nach eigenem Bekunden in einem „Zustand dichterischer Verzweiflung" befindet und der in der Einsamkeit die Erinnerung derart in sich aufsteigen lässt, dass sie ihn zu verbrennen droht. Die Eltern überreden den Sohn, im Sommer 1929 mit dem Freund Fernando de los Rios, einem ehemaligen Lehrer, eine Reise über Paris und London in die Vereinigten Staaten zu unternehmen. Federico García Lorca verspricht sich nicht viel von diesem Unternehmen; aber er gehorcht den Eltern und kommt Ende Juni 1929 in New York an. – Obwohl er sowohl an der Universität als auch von befreundeten Landsleuten auf das freundlichste empfangen wird und unbeschwert und heiter hätte leben, studieren und schreiben können, leidet er vom ersten Tag an in diesem Moloch Stadt. Die übermenschlichen Wolkenkratzer mit ihrer „riesigen Armee von Fenstern, hinter denen nicht ein einziger Mensch Zeit hat, einer Wolke nachzusehen oder sich mit einer dieser köstlichen Brisen zu unterhalten, die das nahe Meer herüberschickt, ohne eine Antwort zu erhalten“, der wütende Rhythmus des Verkehrs und das „schmerzliche Sklaventum“ der Menschen – ihre leere Angst – verstärken die Depressionen, anstatt sie zu vertreiben. Doch in der Enttäuschung, Leere und Einsamkeit wachsen auch die Widerstandskräfte. Das Erlebnis mit Dalí vermittelt angesichts der mechanisierten und maschinenhaften Stadt, in der es „nicht Morgen und nicht Hoffnung“ gibt, die Erkenntnis von dem notwendigen Ausgleich der zwei Urprinzipien, in deren Zeichen sich alles Leben vollzieht ... Wird die sich selbst vergötternde Vernunft absolut gesetzt, wie das Dalí von García Lorca und von sich selbst gefordert hat, dann baut der Mensch sich eine Wüste aus Bildern und Beton, in der er orientierungslos umherirrt, „und die Flucht selbst in das Verbrechen oder das Bandentum wird verzeihlich“. Wo nur der Nutzen und das Geld herrschen, da verliert der Mensch seine Würde, der „Tanz des Todes“ beginnt, sowohl bei der Arbeit als auch in der Freizeit. „Sie trinken, schreien, essen, wälzen sich im Sand und hinterlassen das Meer voller Zeitungen und die Straßen übersäht mit Büchsen, Zigarettenstummeln, abgelaufenen Schuhen ohne Absätze. Dann kehrt die ganze Masse singend vom Park zurück und kotzt zu Hunderten, aufgestützt auf die Balustrade, und pisst zu Tausenden an die Ecken, an verlassene Boote und auf das Monument von Garibaldi oder des unbekannten Soldaten."

Bei solchen Beobachtungen in New York macht Federico García Lorca die „nützlichste Erfahrung seines Lebens": Es lohnt sich, „andalusischer Hund" zu sein, das Schreckliche zu erbrechen und gegen das Inhumane anzubellen. Doch der „andalusische Hund" klagt nicht nur an, er mobilisiert auch die heilenden Kräfte in sich und in der Welt, in der er lebt. So wie der Dichter dem modernen, katalanischen Spanien, das im Mythos verankerte Zigeunertum als Regulativ gegenübergestellt hat, so konfrontiert er die geschichts- und geistlose Neue Welt mit der so andersartigen „andalusischen" Welt der Neger, „dieser dem Paradies entrissenen Leiber". Mit und in ihrer Traurigkeit können sie der grausamen Öde Amerikas neues Leben geben, „seine geistige Achse sein", weil sie „der reinen menschlichen Natur und der anderen Natur so nahe" sind. Sie haben sich ein Wissen vom verlorenen Paradies erhalten, das sie vor der mörderischen Gefahr der Riesenstadt und vor der zerstörerischen Zivilisation überhaupt bewahrt. Die Erinnerung des „afrikanischen Traums" und die Erfahrung des Sklavendaseins machen aus den Negern „das Feinste und Geistigste in dieser Welt" – andalusische Hunde, verschleppt, getreten und erniedrigt, aber besessen von einer Vision – ich habe einen Traum.

Dieses zwiespältige Lebensgefühl – Wünsche, Hoffnungen und Sehnsüchte, aber auch Angst, Wut und Zorn – beides findet für García Lorca Ausdruck in Musik und Tanz der Neger. Wie die Zigeuner im „cante jondo" so wirken, weinen und kämpfen, drohen und träumen die Neger im Jazz und stemmen sich auf diese Weise gegen die Kälte und Grausamkeit des Mammon. Sie sind zwar nach wie vor „Sklaven aller Erfindungen und Maschinen des weißen Mannes und leben in beständiger Angst, dass sie eines Tages vergessen könnten, den Gasofen anzuzünden oder das Auto zu fahren oder den gestärkten Kragen zuzuknöpfen, oder dass sie sich mit der Gabel ins Auge stechen. Denn das sind nicht ihre Erfindungen. Ihr Eigenes ist vielmehr das ‚Wilde und Wahnsinnige', mit dem sie um den verlorenen Himmel kämpfen …"

> Ay Harlem! Ay Harlem! Ay Harlem!
> *Es gibt nicht irgendeine Angst, die deinen hart bedrückten Augen gliche*
> *und deinem tief erschrocknen Blut, verhohlen in Verdunklung,*
> *deiner granatenen Gewalt, taubstumm im Dämmer,*
> *und deinem in Portierslivree gefangnen großen großen König! […]*
> *In jener Nacht, mit schrecklich hartem Löffel,*
> *riß Harlems König aus*
> *den Krokodilen ihre Augen*
> *und schlug der Affen Arsch.*
> *Mit einem Löffel.*
> *Die Neger weiten, wirr,*
> *inmitten Regenschirmen, goldner Sonnen.*

Man hat Federico García Lorca als Schwärmer belächelt, der weder dem von „Geometrie und Beklemmung" geprägten New York noch den Negern mit „der wunderbaren Kräuselung ihrer Haare" gerecht werde; man hat ihn aber auch als realen Utopisten gerühmt, der den absoluten Ruin Amerikas durch Wall Street registriert und sich mutig gegen fremdbestimmte Vergewaltigung aufgelehnt habe. All diese Beurteilungen enthalten je ein Körnchen Wahrheit, treffen aber das Wesentliche nicht. Das Wesentliche ist, dass Federico García Lorca mehr intuitiv erfühlt als verstandesmäßig erkennt, dass die Moderne die „große Lüge der Welt" ist, weil sie eine Zivilisation ohne Wurzeln hervorbringt. Ihr stemmen sich die andalusischen Hunde entgegen – ob in Gestalt der Zigeuner, Neger oder Dichter –, die ihren Protest in Musik, Tanz und Versen auflösen, in der geheimen Hoffnung, dass aus der Lüge Wahrheit werde. Wenn die feindliche Kraft, der wurzellose Geist durch die Kunst gebändigt ist, dann ist der Weg frei für eine neue Erde, für ein weltweites Andalusien.

In Kuba, wohin die „Institución Hispano-Cubano de Cultura“ den Dichter im April 1930 zu Lesungen und Vorträgen eingeladen hat, glaubt García Lorca vor allem in den afro-kubanischen Liedern und Rhythmen mit ihrer Leidenschaft und Zärtlichkeit Anfänge einer „neuen alten Welt“ konstatieren zu dürfen: „Das Gelb von Cádiz, nur einen Ton greller, Sevillas Rosa, das fast zu Karminrot wird, und das granadinische Grün, das leicht phosphoresziert wie ein Fisch; La Habana taucht hinter Zuckerrohrpflanzungen auf. Und es wehen heran, Palme und Zimt, jene Gerüche des eingewurzelten Amerikas, des Amerikas Gottes, des spanischen Amerikas.“

Als Federico García Lorca im Herbst 1930 von Kuba zurückkehrt, findet er eine völlig veränderte politische Lage in Spanien vor. Der durch einen Militärputsch 1923 an die Macht gekommene Diktator General M. Primo de Rivera ist Anfang des Jahres zurückgetreten. Sein Nachfolger, General Berenguer, vom König Alfons dem XIII. eingesetzt, kann aber auch mit seinen halben Zugeständnissen demokratischer Freiheiten die Monarchie nicht mehr retten. Nachdem bei den Gemeindewahlen vom 12. April 1931 die Republikaner und Sozialisten fast überall die Mehrheit errungen haben, verlässt der König das Land, und die Republik wird am 14. April 1931 proklamiert.

Wenn auch García Lorca während der Militärdiktatur keine Repressalien hat erdulden müssen, so begrüßt er doch die politische und kulturelle Befreiung seines

Landes. Und als der neue Kultusminister Fernando de los Rios ihm anbietet, mit dem Schriftsteller Eduardo Ugarte eine Wanderbühne für ganz Spanien zu gründen, ist er sofort bei der Sache, „die Stunde Spaniens mitzugestalten". „La Barraca" nennt sich die Wandertruppe, weil es sich um etwas handelt, „das man auf- und abbaut, das rollt und über die Straßen zieht".

Es sind drei glückliche Jahre, in denen García Lorca in allen größeren Städten und in über fünfzig Dörfern Spaniens versucht, seinen Teil beizutragen „zu dem großen Ideal, das Volk unserer geliebten Republik zu erziehen, indem wir ihm sein eigenes Theater wiedergeben ... Wir haben lange Zeit einen Traum gehabt, und nun sind wir an der Arbeit, ihn wahrzumachen."

Hinzu kommt, dass der Dichter Gelegenheit hat, seine eigenen Dramen aufzuführen, die fast alle in der La-Barraca-Zeit entstehen. Vor allem hat ihn die Uraufführung von „Bodas de sangre" (Bluthochzeit) am 5. März 1933 in Madrid über die Grenzen Spaniens berühmt gemacht. García Lorca wird nach Argentinien eingeladen, und er besucht auch Brasilien und Uruguay. In Margarita Xirgu findet er eine Schauspielerin, die nicht nur beim Publikum in gutem Ruf steht, sondern die auch mit außergewöhnlichem Temperament und seltenem Instinkt die Schönheit des Schlimmen darzustellen weiß. „Ich hätte mir nicht träumen lassen, eine so großartige Interpretin wie sie zu finden."

Nach seiner Rückkehr aus Südamerika wird die zweite Tragödie „Yerma" (Die Brachliegende) ebenfalls in Madrid uraufgeführt, und García Lorca beginnt die Arbeit an „La casa de Bernarda Alba" (Bernarda Albas Haus). Wie schon in den ersten Dramen (Dona Rosita la soltera, 1924; Mariana Pineda, 1925; und La zapatera prodigiosa, 1930), so stehen auch in dieser Trilogie Frauen im Mittelpunkt des Geschehens; Frauenseelen werden beschrieben, und dabei „entsteht ganz sacht eine Lehrfabel von der menschlichen Seele".

Während in „Bluthochzeit" die gegen den eigenen Willen zur verbotenen Liebe und damit zum Untergang hingerissene junge Braut zur ewigen Gefangenschaft verurteilt und in „Yerma" die kinderlose, unerfüllte, reife Frau zur Mörderin ihres Mannes und all ihrer Hoffnungen wird, ist die 60-jährige Bernarda Alba mit ihrer Tochter Opfer einer selbstbejahten Gesellschaftsordnung, die alle Frauen in Schwermut, Vereinsamung und Tod treibt. Diese Frauen erfüllen alle die Bedingungen, die García Lorca von den Gestalten auf der Bühne fordert: sie tragen ein poetisches Gewand und zeigen zugleich ihre Knochen, ihr Blut.

Sie alle sind „andalusische Hündinnen", in ihrer Ursprünglichkeit und Leidenschaftlichkeit, gefangen in ihrer andalusischen Landschaft und Tradition, aber erfüllt von der Sehnsucht nach Liebe, neuem Leben und Freiheit. Doch diejenigen, die die Wünsche erfüllen könnten – die Männer –, verweigern sich aus Angst, Egoismus und Stolz und zählen nachts das Geld wie Juan in „Yerma". Und den Frauen bleibt nichts übrig, als hartnäckig den Kopf an einen Felsen zu schlagen, wie Yerma das tut, weil der Himmel nicht mit der Erde zusammenkommt, um einen Sohn zu zeugen.

Verständnislos hat man der Begeisterung Lorcas für den Ritus des Stierkampfes und seiner schroffen Ablehnung der New Yorker Schlachthöfe gegenüber gestanden. Man hat nicht verstanden, wie er den Stierkampf verherrlicht und gleichzeitig über „das entsetzlich ausgeheulte Wehgeschrei der fast zerquetschten Kühe" in den Schlachthöfen weint und die Leute anklagt, „die nichts, die gar nichts von der anderen Hälfte wissen". In den Schlachthöfen von New York hat sich nach García Lorca berechnender Geist und kaltes Gewinnstreben verselbstständigt und eine entmenschlichte Zivilisation hervorgebracht, eine Barbarei, die alles Leben abtötet und schließlich in der totalen Zerstörung endet. Wir Heutigen haben größeres Verständnis für die Prophezeiung des Chaos´ als die Zeitgenossen García Lorcas und sprechen nicht mehr von oben herab von lächerlicher und undifferenzierter Zivilisationsflucht. „Die andere Hälfte“ ist uns wieder wichtig geworden, „derweil sie frisst und pisst und fliegt.“

García Lorcas Auffassung vom Stierkampf ist für Nordeuropäer schwieriger nachzuempfinden, haben sie doch den Gedanken an den Tod verdrängt. Wahrscheinlich ist es gar nicht die Tierliebe, die viele Menschen den Stierkampf ablehnen lässt, sondern die Angst vor dem Tod, die jeder Stierkampf im Betrachter aufkommen lässt.

Für García Lorca gilt es, die beiden Pole miteinander zu verbinden: Tod und Leben, Tier und Mensch, Kraft und Geist, Andalusien und Katalonien. Beim Stierkampf ereignet sich das Wunder, die Gegensätze fallen zusammen, denn einerseits muss der Torero „mit dem Tod kämpfen, der ihn vernichten kann, und andererseits mit der Geometrie, mit dem Maß, das des Festes Grundlage ist.“ Deshalb ist der Stierkampf „der bedeutendste poetische und vitale Reichtum Spaniens“. Er ist ein kultiviertes Fest, ein Ort, wo der Tod zelebriert und in seiner schrecklichen Schönheit gezeigt wird. Wer sich mit García Lorcas Werk beschäftigt, wird es nachempfinden können und auch seine Klage um den geliebten Freund, den großen Stierkämpfer Ignacio Sanchez Mejias, der 1934 bei einer Corrida ums Leben gekommen ist:

Lang wird es währen bis zur Geburt, wird je er geboren,
eines Andalusiers, so lauter, an Wagnis so reich.
Seine Feinheit sing ich mit Worten, die seufzen
und gedenk einer traurigen Brise in den Oliven.

Doch García Lorcas Hang zum Romantischen und Authentischen wird ihm schließlich zum Verhängnis. Als die Faschisten Spanien „nationalisieren und modernisieren“ wollen, steht er mit seinen andalusischen Ansichten im Wege. Schon zu Beginn des Jahres

1936 zitieren sie ihn wegen Verleumdung der Polizeikräfte vor Gericht, weil der Dichter schon 1927 in einer Zigeunerromanze die Guardia Civil als eine Verbrecherorganisation angeprangert hat.

„Ihre Schädel sind aus Blei, darum weinen sie auch nie ... Vierzig Guardias Civiles dringen durch sie ein und plündern. Stehen bleiben da die Uhren ... Lang gezogene Schreie flogen auf von allen Wetterfahnen. Hufe stampfen Brisen nieder, die von Säbeln sind durchschnitten."

Das Gedicht ist eine Vorwegnahme all der Grausamkeiten und Morde, die am 17. Juli 1936 mit der Verschwörung der faschistischen Generäle gegen die spanische Republik ihren Anfang nehmen, die im langen dreijährigen Bürgerkrieg ein unvorstellbares Ausmaß erreichen und 1939 mit dem Sieg des „Caudillos" noch lange nicht enden. García Lorca weiß, was kommen wird, und er hat es allen gesagt; und die Faschisten wissen, dass García Lorca weiß und dass er es immer wieder aus sich herausstoßen und auskotzen wird.

Im Frühjahr hat man den „vaterlandslosen Gesellen" noch einmal laufen lassen. Aber schon einen Monat nach Beginn des nationalistischen Terrors, der sich vor allem in Andalusien austobt und dem allein in der engeren Heimat García Lorcas – im Bezirk Granada also – 10 000 Menschen zum Opfer fallen, wird Federico García Lorca am 17. August im Haus seines Freundes Luis Rosales, wo er Schutz gesucht hat, verhaftet. Eine Nacht und einen Tag hält man ihn gefangen – in seinem Granada, eine Ewigkeit für den empfindsamen Dichter. Am Abend des 18. August wird er nach Viznar abtransportiert und einem Hauptmann der Guardia Civil übergeben – noch eine lange Nacht. Am 19. August 1936 wird Federico García Lorca in der Talschlucht von Viznar erschlagen und verscharrt – wie ein Hund, wie ein andalusischer Hund.

Federico García Lorca
Elegie an Johanna die Wahnsinnige

Dezember 1918 (Granada)

Für Melchor Fernández Almagro

Verliebte Prinzessin, deren Liebe nicht erwidert wurde.
Rote Nelke in einem tiefen und trostlosen Tal.
Dem Grab, das dich bewacht, entströmt deine Traurigkeit
durch die Augen, die geöffnet sind auf dem Marmor.

Du warst eine Taube mit riesiger Seele,
deren Nest Blut des kastilischen Bodens war,
du vergossest dein Feuer über einem Kelch aus Schnee
und beim Wunsch, es neu zu entfachen, zerbrachen deine Flügel.

Du träumtest, daß deine Liebe wäre wie jenes Kind,
das dir unterwürfig folgt und deinen Mantel hält.
Und statt Blumen, Versen und Perlenketten
gab dir der Tod einen Strauß welker Rosen.

Du trugst in der Brust die großartige Morgenröte
von Isabel de Segura und von Melibea. Dein Gesang,
wie die Lerche, die den Horizont aufbrechen sieht,
wird plötzlich eintönig und bitter.

Und dein Schrei erschüttert die Fundamente von Burgos.
Und übertönt den Psalmengesang des Chors im Kartäuserkloster.
Und prallt auf das Echo der langsamen Glocken
und verliert sich im Schatten zitternd und zerreißend.

Du besaßest die Leidenschaft, die der Himmel Spaniens verleiht.
Die Leidenschaft des Dolches, des Augenrings und der Klage.
Oh göttliche Prinzessin der roten Morgendämmerung
mit dem Spinnrocken aus Eisen und dem Gesponnenen aus Stahl!

Niemals hattest du ein Liebesnest, noch ein klagendes Madrigal,
noch die Laute des Spielmanns, die seufzt in der Ferne.
Dein Spielmann war ein Bursche mit Panzerschuppen aus Silber,
und ein Echo aus Trompeten war sein Liebesgesang.

Und trotzdem warst du für die Liebe geschaffen,
gemacht für den Seufzer, die Liebkosung und die Ohnmacht,
um zu weinen vor Traurigkeit auf der geliebten Brust
und zu entblättern eine duftende Rose zwischen den Lippen.

Um zu sehen den gesticken Mond über dem Fluß
und die Sehnsucht zu spüren, die die Herde in sich trägt,
und zu sehen die ewigen Gärten des Schattens,
oh dunkeläugige Prinzessin, die du schläfst unter dem Marmor!

Sind deine schwarzen Augen geöffnet dem Lichte zu?
Oder ringeln sich Schlangen auf deinem erschöpften Busen ...
Wo waren deine Küsse, die geworfen wurden in den Wind?
Wo war die Traurigkeit deiner unglücklichen Liebe?

In der Truhe aus Blei, inmitten deines Skeletts,
wird wohl dein Herz zersprungen sein in tausend Stücke.
Und Granada bewacht dich wie eine heilige Reliquie,
oh dunkeläugige Prinzessin, die du schläfst unter dem Marmor!

Héloïse und Julia waren zwei Margariten,
aber du warst eine rote Nelke getaucht in Blut,
die kam aus der goldenen Erde Kastiliens,
um zu schlafen zwischen Schnee und keuschen Zypressenhainen.

Granada war dein Totenbett, Johanna,
die Zypressen deine Kerzen, das Gebirge dein Altar.
Ein Altar aus Schnee, der lindert dein Begehren,
mit dem Wasser des Dauro, das zu dir fließt.

Granada war dein Totenbett, Johanna,
das Granada der alten Türme und des schweigenden Gartens,
das des toten Efeus über roten Mauern,
das des blauen Nebels und der romantischen Myrte.

Verliebte Prinzessin, deren Liebe schlecht erwidert wurde.
Rote Nelke in einem tiefen und trostlosen Tal.
Dem Grab, das dich bewacht, entströmt deine Traurigkeit
durch die Augen, die geöffnet sind auf dem Marmor.

Rainer Fabian

Die Semana Santa in Málaga

Wieder, wie in jeder der vorangegangenen Nächte, erschien die Familie des Advokaten Mendenez erst eine Viertelstunde vor der Prozession. Schon waren die Trommeln zu hören, und wer in die Richtung sah, aus der die Prozession kommen musste, sah die ersten Spritzer von Gold und Kerzen, flackernd über der dunklen Straße, die ersten spitzen, schwarzen Kapuzen der Brüder sah er, und er hörte den Paradeschritt der spanischen Legionäre. So war die Innenstadt von Málaga durchtränkt von Düften und Geräuschen, Trommelgeräuschen und Glockengeräuschen, und wieder, wie in jeder der vorangegangen Nächte, war der Auftritt der Mendenez ein Schauspiel, das niemand übersehen sollte, den klirrenden Familienschmuck nicht und das Kindermädchen, nicht die heiratsfähige Tochter und die wie kleine Advokaten ausstaffierten Söhne.

Mehr schreiend als grüßend zwängte sich die Familie auf die Tribünenplätze. Die Señora schüttelte theatralisch die Armreifen und tauschte schallende Küsse mit Verwandten, die Señorita schüttelte theatralisch die Armreifen und tauschte Küsse mit Verwandten, und der hagere und magenkrank aussehende Advokat berührte flüchtig die Hände von Gleichgestellten. Dann ließen sie sich nieder, auf Klappstühlchen setzten sie sich, lagerten sich hin wie für Endgültigkeiten, raschelnd mit der schwarzen, bürgerlichen Seide, rund und schwarz wie kleine spanische Öfen. Es roch nach Olivenöl und Orangenblüten, und auf den Straßen von

Málaga taten 100 000 Menschen das gleiche wie die Familie Mendenez, 100 000 kleine spanische Öfen wärmten sich gegenseitig mit ihrem Parfüm und ihrem Geschrei. Die letzte Nacht der Semana Santa, der heiligen Woche zwischen Palmsonntag und Ostersonntag, begann.

Und hatte doch eigentlich schon begonnen und war immer dabei, zu beginnen; denn zwischen der Spitze der Prozession, die hinein sticht in die menschengefüllte Calle de Larios, und ihrem königlichen Ende, dem Defilee der pasos, der Traggestelle, auf denen die Heiligen thronen, vergeht jene Stunde, in der die Malageños das tun, was Unamuno den anstrengenden „Beruf, Spanier zu sein" genannt hat. Man ergeht sich in den Straßen, die wie Hausflure sind, man sieht herausfordernd in die Runde, um wiederum gesehen zu werden, und man nimmt Platz in Kaffeehäusern mit Gesten, als nehme man Platz in Wohnzimmern. Oben, taubengleich auf den Balkonen, hockt das spanische Matriarchat, wie in Kaffeewärmer verpackt in der Märzkälte, gestikulierend und auf fünf Reihen Stühle und das Publikum der Semana Santa hinunterblickend: Madrider Katholiken und Soldaten der Guardia Civil, Urlauber aus Marokko und Hamburg, bäuerliche Familien, die aus der Sierra kommen und Familien aus den hohen Räumen großstädtischer und zerfallender Adelshäuser. Alle aber in dem Kral dieser Straße werden durchflattert von den Losverkäufern, Schuhputzern, Bettlern und Taschendieben Málagas. Und fast scheint es, als würde die Kälte dieser Nacht wärmer durch das Geschrei und das jetzt langsam und zeremoniell näher schwankende Licht der ersten Prozession, die Ausdruck eines endgültigen und wortlosen Triumphes ist.

Plötzlich tauchen die ersten kapuzierten Männer auf. Sie gehen zu beiden Seiten der Straße, hart an den Klappstühlen entlang, in einer strategischen Linie, um die Straße frei zu machen für die pasos. Hinter ihnen schwillt der knöcherne Schlag der Trommeln, die Kapuzierten gehen im Takt, laufen ihre Trommelschritte, bleiben stehen, als warteten sie auf Befehle. Und die Befehle oder Zeichen kommen. Irgendwo und von irgendwem werden sie erteilt, kapuzierte Ordonnanzen eilen mit fliegenden Gewändern den Weg zurück, irgendwelche Oberen erteilen irgendwelchen Unteren Befehle, verlöschte Kerzen auf langen silbernen Zeremonienstäben werden wieder entzündet, ständig sind Hände damit beschäftigt, die Augenschlitze geradezuziehen, dann schreiten die nazarenos weiter. Doch nur wenige Schritte. Die Prozession besteht vor allem aus Pausen.

Während die nazarenos verharren und ihre Augenschlitze auf die Menge richten, kommt die paradierende Truppeneinheit näher. Ihre Schritte klingen kalt, maschinell und unerbittlich: Hammerschläge, die auf das Pflaster fallen, heranrückende Präzision. Als die wandelnden Statuen die Tribüne erreicht haben, verharren auch sie, mit gefrorenem Blick einen Geradeaus-Punkt fixierend. Doch dann geschieht etwas. Oben auf der Bühne erhebt sich ein Zivilist. Er winkt eine der Ordonnanzen heran, die Ordonnanz salutiert – da drüben, der zweite rechts! –, die Ordonnanz macht auf dem Absatz kehrt. Sie geht auf eine der Statuen zu und rückt dem Versteinerten den Helm zurecht, führt eine Millimeter-Korrektur aus. Die Statue rührt sich nicht. Dann rücken auch die paradierenden Soldaten ab. Wieder klappen sie ihre Beine auf wie Messer, wieder rauscht der Beifall auf wie Opernbeifall, und als sie nach wenigen Schritten von neuem versteinern, verdeckt sie schon die Biegung der Straße.

In diesem Augenblick geht es wie Seufzen durch die Menge, deren Köpfe nun dröhnen von dem schweren Steinschlag der Trommeln, von den leichten Seifenblasen der Glöckchen. Der erste paso, der des Cristo del Amor („Christus der Liebe“), hat die Haupttribüne erreicht. Und wieder, wie in jeder der vorangegangenen

Nächte, erheben sich die Menschen – schon wird Beifall laut – und blicken verzückt zu dem Thron und der von flackernden Kerzen umstellten Christusstatue auf. Ein Glockenzeichen ertönt, und wenige Meter vor der Tribüne wird der Thron von 100 Trägern auf die Schultern gehoben. Die Trommeln setzen ein, ein nazareno, hier capataz genannt, lenkt die Schritte durch Zurufe, der Thron schwankt nach der Seite, schwankt nach vorn, mit wiegenden und stampfenden Elefantenschritten beginnen die Träger ein regelrechtes Exerzieren, fünf Schritte voran, drei Schritte zurück; sie gehen dicht hintereinander Kopf an Kopf. El Greco-Profile mit offenstehenden Mündern. Ein zweites Glockenzeichen ertönt, die Träger setzen den Thron ab, winden die schmerzenden Schultern unter den silbern beschlagenen Tragebalken vor, ein Krug Wein wird herumgereicht. Zigarettenrauchen.

Jetzt hält auch die Bewegung der Prozession inne, Stille breitet sich aus, und alles, was Schaustück und Mummenschanz, was Huldigung und Bußgang, was Triumphzug und was Parade, was ein Stück Andalusien eher als ein Stück Spanien ist, tritt zurück vor der übermächtigen Anwesenheit des paso, die den Mund verschließt. Die Stille wird nur zerrissen durch die raue Stimme eines cantaór, der eine saeta singt. Die schrille und schmerzvolle, die schwärzeste der Klagen, halb eine christliche Lamentatio, halb eine maurische Anrufung, vermag in diesen Augenblicken in der Menge ein einziges bitteres Gefühl zu erzeugen. Das Beiwerk fällt ab. Karfreitag ist erreicht. Und der cantaór singt: „Gebunden kommt Jesus daher, um unsere Straßen zu durchwandern; ach, könnte doch jemand auf den Knien diese Hände ihm lösen.“

Das ist die Karwoche in Málaga. Sie beginnt und endet mit Prozessionen, die am Tage stattfinden, am Palmsonntag durch die Laienbruderschaft vom „Einzug Christi in Jerusalem“ und am Ostersonntag mit der Prozession vom Auferstandenen Christus (Cristo

Resucitado). Dazwischen liegen die fünf langen und dunklen Nächte, in denen die spanischen Städte erfüllt sind von Trommelschlag, Soldatenschritt und Bußgang. Vier bis sechs Prozessionen finden in jeder dieser Nächte statt. Keine der Prozessionen aber kann mit der anderen verglichen werden. [...]

Semana Santa – das bedeutet für Málaga, eine der ärmsten Provinzen Spaniens, zugleich auch ein großes Geschäft. Das betrifft jedoch nicht die Einnahmen der cofradías, der Bruderschaften, die von der spanischen Regierung das Privileg erhalten haben, 25 Prozent einer Lotterie zu kassieren, und es betrifft ebensowenig jenen Fünfprozentaufschlag, der von den Gästen der Cafés und Restaurants gezahlt werden muss und die Semana Santa finanzieren hilft. In Andalusien ist die Semana Santa vor allem ein Geschäft für den Mann auf der Straße, für die Arbeitslosen und Gelegenheitsarbeiter, für die Verkäufer von Programmen und Postkarten, für den correó (Zwischenhändler) und limpiabotas (Schuhputzer), für die Bettler und Losverkäufer, deren ruhelose orientalische Geschäftigkeit den Ausländer daran erinnern mag, dass heute nur noch Andalusien den Namen des islamischen Spanien trägt: Al-Andalus.

Ausländer sein und an der Semana Santa teilnehmen, darin liegen die Ursachen für den bekannten Meinungsstreit über den Charakter der Semana Santa verborgen. Denn in Wirklichkeit nimmt der Ausländer gar nicht teil, wie die Spanier es tun. Er registriert bestenfalls, er sieht zu. Die Semana Santa ist für ihn „Veranstaltung“, von seinem Tribünenplatz aus registriert er die Ungezwungenheit der Andalusier, und diese Ungezwungenheit ist ihm fremd. Er registriert das halb ehrfurchtsvolle und halb vertrauliche Verhältnis der Spanier zu den Heiligen, zögernd wagt auch er zu applaudieren, aber er fühlt sich in dieser Geste nicht wohl. Es ist nicht seine Geste, wie es auch nicht seine „Heiligen“ sind, deren Konkurrenz er verständnislos beobachtet. In Sevilla gibt es Spanier, welche die Fenster schließen, wenn ein Heiliger des anderen Stadtviertels vorbeigetragen wird, Kaffeehausbesitzer verlangen eine Pause der pasos, indem sie ihre Rechte als Einwohner des Viertels geltend machen. Und auch die Bruderschaften wetteifern miteinander, indem sie sich in Glanz und Reichtum ihrer pasos und in der Schritt-Variation der Träger zu übertrumpfen versuchen. Ganz und gar unverständlich aber muss dem Nichtspanier der Volksjubel erscheinen, der die beiden pasos der „Virgen de la Esperanza" empfängt. Diese Prozession in der Nacht des Gründonnerstags besteht aus zwei pasos, dem „Jesús Nazareno del Paso" und der „Maria Santissima de la Esperanza", deren Thron beim Einzug in die Calle de Larios mit Rosmarin-Essenz besprengt wird. Der Thron des Herrn wird an der Plaza de José Antonio gewendet. Das Volk kniet nieder, und das Bild erteilt vermittels eines sinnreichen Mechanismus den Segen. Brausender Jubel begleitet diese Vorführung, und der allgemeine Gefühlsüberschwang wird nie stärker empfunden als in diesem Augenblick. [...]

Der Vorstand einer cofradía muss vom Bischof genehmigt sein, die zeitliche Gliederung der Prozession hat sie in eine feste Ordnung gebracht. Die veranstaltenden Bruderschaften, die cofradías, gehören zu den sozialen Einrichtungen der katholischen Kirche und haben eine weit zurückreichende Tradition. Diese geht bis zu den Siete Pardidas des Königs Alfons X. im 13. Jahrhundert zurück. Sie hatten im Wesentlichen karitative und soziale Aufgaben, die heute durch die Verantwortlichkeit für die Organisation der Semana Santa zurückgedrängt wurden. Zu den Mitgliedern der Bruderschaft gehört ein großer Teil derjenigen, die in einer Stadt Amt und Würde haben, und die Bruderschaften bemühen sich um prominente Mitglieder.

Rang und Stellung einer Bruderschaft sind von vielen Faktoren abhängig: von ihrer Tradition, von ihrem Reichtum, von repräsentativen Mitgliedern, von der Waffengattung des spanischen Militärs, die ihr zugeordnet ist, und von der Beliebtheit des Christusbildes. So gibt es eine Prozession der Zigeuner und eine der Studenten.

Zu einer jener Prozessionen, die eine außergewöhnliche Tradition fortsetzt, gehört die der Bruderschaft vom „Reichen Jesus“ (Jesús el Rico), die das Privileg besitzt, durch Begnadigung einen Gefangenen zu amnestieren. Diese Sitte stammt aus den Tagen Karls III., als in Málaga die Gefangenen mit dem Versprechen, wieder in ihre Zellen zurückzukehren, den „Reichen Jesus“ in einer Bittprozession mit sich führten. Jedes Jahr geht nun die Prozession an dem Gefängnis vorbei, um einen Amnestierten in die Prozession aufzunehmen. Die Entscheidung darüber fällt der Bischof, der in diesem Jahr zum ersten Mal anordnete, dass der „Gefangene“ mit verhülltem Haupt die Prozession zu begleiten habe.

In dem Leben der spanischen Städte und in dem Leben vieler spanischer Familien hat die Semana Santa ihren Platz als das größte festliche Ereignis des Jahres. Man kann in ihr die Äußerung eines Volksglaubens finden, der durch den Glanz und das Majestätische der Bilder starke Erregungen des Gemüts empfängt. Die Religiosität des einfachen Spaniers wirkt nie kalt und intellektuell, rationale Bindungen sind ihm fremd. In der Semana Santa geht er ganz in der Teilnahme auf und überwindet so jene innere Vereinsamung, die zum Wesen des Spaniers gehört. In dieser Einsamkeit, der soledad, dem Thema aller spanischen Poesie, ist die Wurzel des spanischen Persönlichkeitsbewusstseins zu finden. „No hay otro yo en el mundo“, sagt Don Quijote – Es gibt kein anderes Ich auf der Welt außer mir. Der Spanier besitzt ein kennzeichnendes Wort, um jene kollektive Teilhabe auszudrücken, in der jeder einzelne nur noch Ausdruck eines einzigen Gefühlsüberschwanges ist: ambientado. Etwas davon wird auch während der Semana Santa wirksam wie auch in den dunklen Gesängen des „cante flamenco“.

Rafael Alberti
Der verlorene Hain

Als die Weine von Jerez und Puerto international bekannt wurden, war mein Urgroßvater, Don Vicente Alberti, zugleich einer der ersten Könige und Botschafter des Saftes der Reben von Cádiz im Norden Europas. Die Herrscher Schwedens, Norwegens und Dänemarks und die russischen Zaren ernannten ihn zum Hoflieferanten, und auch England fand Geschmack an den duftenden Weinen aus diesem Winkel der Provinz Cádiz. Skandinavier kamen aus ihren Fjorden wie die Enten, die über die Heiden Frankreichs und die Berge und Ebenen Spaniens fliegen, um in den warmen Marschen des Guadalquivir zu überwintern, zu den Kais von Cádiz und gründeten Niederlassungen für jene reichen, ungewöhnlichen Völker. Die Soleras, die Dessertweine, die Muskateller, die beinahe schwarzen, die hellen Weine von den jungen Weinbergen um Jerez und die Amontillados wurden bald in ganz Europa getrunken. Italiener kamen, Engländer und Deutsche. Von Puerta Tierra bis Sanlúcar erklangen die Namen der Domecq aus Frankreich, der Burdon, Gordon, Osborne, Pemartín, Ivison, Byass, Bolin und später der Terry, Ahupol und Grant. Die meisten von ihnen kamen, vom Duft des Weines angelockt, mit leerer Börse. Meine Mutter hörte ich immer sagen, der erste Osborne sei ein bettelarmer Engländer mit geflickten Hosen gewesen, der auf den Plätzen und Straßen von Puerto Heiligenbilder, Rosenkränze und anderen Devotionalienkram verkaufte. Daher die blauen Augen, die blonden Haare, daher auch dieses ganze romantische, empfindsame Andalusien von Cádiz, an Gibraltar vorbei, bis zu den Zitronenhainen, den Nelken und den heiligen Weinbergen von Málaga. Mein Urgroßvater Don Vicente Alberti heiratete eine Merello, die Tochter eines anderen Italieners aus Genua, und hatte fünf Söhne – Agustín, Vicente, Julio, Ernesto und Eduardo – die am Sterbebett des Vaters gelobten, sich niemals zu trennen, gemeinsam das wunderbare Erbe zu erhalten und Wein zu bauen. Aber bei dem verschwenderischen Leben Agustíns, den unglücklichen Geschäften Vicentes, der Dummheit Ernestos, der Faulheit Eduardos und der Gleichgültigkeit Julios und dazu der vollkommensten und verrücktesten Frömmelei war das Erbe bald vertan, und es sammelten sich die Gläubiger, die nach und nach die feuchten Kellereien in ihre Hände brachten.

Mit die wichtigsten unter ihnen waren die Osborne, die im Laufe der Jahre den ganzen Weinreichtum Puertos monopolisierten. Obwohl die Söhne meiner Großonkel noch eine Zeitlang einen kleinen Grundbesitz hatten, waren es die Osborne in Puerto und die Domecq in Jerez de la Frontera, die das Reich des Bacchus an sich rissen und die kleineren Firmen ruinierten.

Ein Opfer dieser Herrschaft war mein Vater, den Osborne, der bis dahin seine Weine nur nach England exportiert hatte, zum Generalvertreter für Spanien ernannte und in das kantabrische und galizische Gebiet schickte, zuerst nur als Botschafter des „Fino Quina“ und „Fino Coquinero“ und dann eines Cognacs, der allein zu dem Zweck kreiert wurde, den „Domecq“ zu verdrängen. So vergingen ganze Jahre, ohne daß ich ihn sah; ich kannte sein Gesicht nicht und erinnerte mich nicht einmal an seine Stimme. Ich weiß, daß mein Vater rechtschaffen und äußerst arbeitsam war und daß er, wie ich öfter andeutungsweise sagen hörte, ein großer Liebhaber und Trinker der Flüssigkeiten war, die er verkaufte, und so die Tradition seiner Familie und Heimat fortsetzte. Wer hat nicht im Zwielicht des Spätnachmittags die Straßen von Puerto erzittern sehen vor vollkommen betrunkenen Männern? Die einen sind, ernst und würdevoll, unterwegs zum Schrein der Wundertätigen Jungfrau, um auf den Knien ein frommes Salve Regina zu beten und manchmal auch im Dunkeln reuevoll zu schluchzen; die andern streben traurig, melancholisch am Flußufer entlang den Eukalypten des Strandes zu; wieder andere sitzen verloren auf den Bänken der Promenaden und sprechen mit ihrem eigenen Schatten, oder sie stehen schreiend und heftig gestikulierend in den Türen der Schänken, rufen den Frauen Schmeicheleien nach und machen den Abendspaziergang unmöglich, und in der Unterstadt torkeln die Hafen- und Kellereiarbeiter im Zickzack von einer Straßenseite zur andern unter dem Geschrei der wilden Kinderschar, die aus den Hausfluren und tiefen Höfen hervorquillt.

Gewaltige alkoholische Dämmerungen, eingetaucht in den Duft des Basilienkrauts und des abendlichen Jasmins und in die faulige Säure von Erbrochenem! Die Betrunkenen kamen bis zum Meer hinunter und drückten die vom Weingeist flammende Stirn in den Sand, der schon kühl war von den flüchtigen Wellengirlanden. Und wem in der Einsamkeit eines nächtlichen Platzes oder Weges der Wein ans Herz stieg, daß es krank wurde vor Gefühl, der stieß einen zerrissenen Gesang aus und ängstigte mit seinen Wehklagen die schaudernden Echos.

Ingrit Seibert

Die tanzenden Pferde von Jerez

Die Spanische Hofreitschule gibt's nicht nur in Wien, sondern auch dort, wo diese Reitkunst mit und ohne Reiter eigentlich herkommt: in Andalusien.

„Alles hat mit der Einladung nach Wien begonnen", erzählt Julian Gomez und schleppt Fotoalben herbei. Sein Gut, zwischen Jerez und Arcos de la Frontera gelegen, abseits aller großen Straßen, hatte gewiss schon bessere Zeiten gesehen. Doch in diesen Kreisen orientiert man sich nicht so sehr an Zeichen profaner Äußerlichkeiten. Über dem Kamin hängt das Familienwappen, auf den Weiden ringsum stehen einige Rinder und vor allem Pferde – der Lebensinhalt des andalusischen Adels.

Blanca, die Hausherrin, hatte in Reithosen empfangen und die Besucher als erstes in die Rüstkammer geführt – alte Sättel, altes Zaumzeug. Auch da war die Rede gleich auf Wien gekommen – auf die dort beheimatete Spanische Hofreitschule, eines der wenigen noch existierenden Zeugnisse der ehemaligen Habsburger Herrschaft über die Donaumonarchie und den Großteil der iberischen Halbinsel.

„Die Wiener haben uns zur Feier ihres 400-jährigen Bestehens eingeladen", berichtet Don Julian nun beim Kaffee im Wohnraum, im Salon: „Da wurde den Leuten hier erst bewusst, dass bei uns die Pferdetradition in der Öffentlichkeit nahezu keine Rolle mehr spielte. Es gab keinerlei Institutionen, man wusste nicht, was man zum Jubiläum nach Wien schicken sollte. Schließlich hat mein Freund etwas Spanisches improvisiert, das in Wien auch recht gut ankam. Ich war einer der ersten, den er einlud mitzukommen. Nachdem wir die Hofreitschule in Wien gesehen hatten, war klar, dass wir etwas in der Art auch bei uns in Jerez machen sollten."

Denn in Andalusien ist das Pferd zu Hause. Seit nahezu fünf Jahrtausenden wird es hier domestiziert, taucht in Höhlenmalereien und geritzten Darstellungen an Felswänden auf. Phönizier, Griechen und Römer rühmten die iberischen Reiterkrieger, welche die heutige klassische Reitkunst in ihren Grundzügen bereits beherrschten.

Andalusien ist wie für Pferde geschaffen: die sanfte, hügelige Landschaft bietet ihnen verhaltensgerechte Lebensbedingungen, da finden die Tiere ihre natürlichen Weidegründe. Lange vor den Menschen, die aus Nordafrika einwanderten, gab es Pferde in Andalusien. Ihre Nutzbarkeit lag auf der Hand: für die Fortbewegung – so wurden aus Jägern Nomaden –, die Arbeit und den Krieg. Die ausdauernden andalusischen Pferde spielten eine wesentliche Rolle sowohl bei der arabischen Conquista Spaniens wie auch, viele Jahrhunderte später, bei der Reconquista der Christen, welche schnell die Vorzüge der wenigen schon mit arabischen Pferden gekreuzten Tiere erkannten und für einen bis heute erhaltenen Reitsport einsetzen: den Rejoneo, den Stierkampf zu Pferd.

Don Julian ist naturgemäß Rejoneador, war einmal einer der ganz großen Meister dieser Kunst. Fast jede andalusische Adelsfamilie hat wenigstens einen Rejoneador in ihren Reihen. Ein Sport – oder eine Kunst, wie es hier heißt –, der sich aus dem feudalen Stier- und Pferdezüchter-Dasein logisch ergab. Eine anachronistische, höchst elegante und gefährliche Angelegenheit dazu, wie Don Julians zahlreiche Narben beweisen.

„Die klassische Dressur, wie sie in Wien und hier auf der Real Escuela Andaluza del Arte Ecuestre, die seit 1973 existiert, gezeigt wird, leitet sich vom Rejoneo her", sagt unser Gastgeber. „All diese Figuren dienen dazu, dem Stier auszuweichen. Diese schnellen Wendungen, die Gangarten ... Was jetzt als Ballett gezeigt wird, hat seinen Ursprung deutlich sichtbar im Kampf."

Die Domecqs, deren Name für Wein, für Stiere, vor allem aber für Pferde steht, lassen an der genannten Königlich-Andalusischen Hofreitschule Pferde ausbilden. „Ein Pferd lernt die klassische Dressur in etwa einem Jahr, hingegen braucht es drei, vier Jahre, um für den Rejoneo tauglich zu sein", schätzt Don Julian. „Nicht jedes gute Pferd eignet sich dafür."

Der wahre Rejoneo-Hengst – nur männliche Tiere kommen zur Dressur, Stuten seien zu launisch, heißt es – braucht kaum Hilfen vom Reiter. Beim Dressurreiten wird das Pferd nicht mit dem Zügel dirigiert, auch nicht mittels Schenkeldruck – das erlauben die breiten Sättel nicht –, sondern fast ausschließlich durch Gewichtsverlagerung. Der Rejoneador in seiner Tracht aus dem 17. Jahrhundert scheint verwachsen mit seinem Ross de pura raza española.

Natürlich ist Reinrassigkeit wie immer ein relativer Begriff. „Reine spanische Rasse" steht einfach für das bodenständige Pferd des Südens. Die eingesessene andalusische Spielart kreuzte sich schon früh mit Arabern oder Berbern – im übrigen hat faktisch jedes Pferd der Welt arabisches Blut in seinen Adern. Um 1500 kreuzte man den Español zusätzlich mit dem schweren neapolitanischen Ross, um ihn – der Mode entsprechend – größer zu machen. „Ein Unfug ist das", meint Don Julian, der die Partnerwahl für seine drei Pferde zu seinen wichtigsten Lebensentscheidungen zählt.

„Viele Züchter achten nur auf den Körperbau und experimentieren damit herum", sagt er. „Dabei ist es ganz wichtig, den Charakter des Pferdes zu berücksichtigen – seine Intelligenz, seinen Mut. Was hat man vom schönsten Tier, wenn es unbrauchbar ist." Ein solches scheinbar unbrauchbares Ross hatte der große Alvaro Domecq ihm eines Tages verkauft: eine prächtige schwarze Stute, die sich indes von niemandem reiten ließ. Nach einem Monat, erinnert sich der Hausherr mit glänzenden Augen, saß seine Frau Blanca auf der gezähmten Widerspenstigen, mit zwei Kindern vorne im Sattel.

Zehn Jahre nach der Gründung der Reitschule von Jerez zeigte auch der spanische Staat Interesse an den Pferden und eröffnete vor den Toren der Stadt ein mittlerweile berühmtes Gestüt: die Yeguada Militar, von der Armee betrieben aus einem Grund, den Major Velasquez mit entwaffnender Offenheit nennt: weil es billiger kommt. Und natürlich wegen der glorreichen Tradition der spanischen Kavallerie.

Also misten wehrpflichtige Jungmänner Ställe aus und führen Stuten zum Decken. Der Chef, Oberst Pimente, kurz vor seiner Pensionierung, inspiziert morgens die in der Nacht geborenen Fohlen.

„Eigentlich sind wir eine Art Museum", sinniert der alte Herr und saugt dabei an seiner Zigarre: „Wir sorgen dafür, dass die Rasse nicht ausstirbt. Hier haben wir 200 Muttertiere mit ihren Fohlen. Mit sechs Monaten werden sie von ihren Müttern und nach Geschlecht getrennt. Die Hengste kommen zur Dressur und danach entweder in die Reitschule oder ins Hengstdepot. Wenn ein Züchter die Rasse seiner Pferde aufbessern will, leihen wir ihm einen Hengst zum Decken. Er zahlt dann pro geborenes Fohlen."

Gezüchtet werden Pferde de pura raza española und Araber, aber auch Kreuzungen mit Engländern, die bekannt sind für ihre Schnelligkeit – das Sportpferd im Gegensatz zum andalusischen Reit- und Dressurpferd.

„Bei uns war das Pferd sehr lange ein Arbeitstier", sagt der Oberst, „deshalb musste es einfach stark und schnell sein. In der Reitschule will man in jüngster Zeit wieder mehr auf diesen originalen Typ zurückkommen."

Das ursprünglichste Pferd, das in Spanien existiert, wurde von Karthäusermönchen gezüchtet und heißt nach ihnen Cartujano. Es wurde vor fremden Einkreuzungen bewahrt, abgelegen und versteckt gehalten – inzwischen eine kostbare Seltenheit.

Für Jerez hat sich die Besinnung auf die große Vergangenheit seiner Pferde gelohnt. Täglich kommen Touristen auf den ehemaligen Landsitz des Herzogs von Abrantes, um dem Training in der Real Escuela Andaluza del Arte Ecuestre zuzuschauen. Jeden Donnerstag wird in einer großen Show gezeigt, como bailan los caballos andaluces – wie die andalusischen Pferde tanzen.

Nicht nur Pferde lernen in dieser Schule. Man kann sich zum Reiter oder Wagenlenker ausbilden lassen. Der weltweit gute Ruf aus der Zeit, als andalusische Pferde an die Fürstenhöfe Europas verschenkt und nach Amerika exportiert wurden, soll durch internationale Tourneen des Balletts aufpoliert werden.

In Andalusien selbst hat das Pferd nie aufgehört, eine wichtige Rolle im Alltagsleben zu spielen. Die alljährlich im Mai in Jerez stattfindende Feria de Caballo ist weniger eine Verkaufsmesse als ein Volksfest, in dessen Mittelpunkt die Rösser stehen. Angelegentlich der Feria trägt der Caballero sein Rejoneo-Kostüm, hinter ihm im Sattel sitzt seine Dame in leuchtenden Rüschenkaskaden.

Zu Pferd wird die Weinlese gefeiert, zu Pferd geht es an kirchlichen Feiertagen zur Prozession, zu Pferd macht man sich auf die Wallfahrt, zu Pferd geht es zum Stierkampf. Das Caballo ist Teil der regionalen Identität – sei es der feine Cartujano-Hengst, ein Balletttänzer aus der Reitschule oder eine Rosinante, die schwer am Stolz ihres Besitzers schleppt.

Marlowe Remiev
Die drei Schönen

Hast Du die drei schönsten Andalusierinnen schon gesehen? Bestimmt. Du kennst sie von Fotos – zumindest. Die eine kommt aus Sevilla, die zweite aus Córdoba, die dritte aus Granada. Die aus Sevilla trägt hohen Stolz zur Schau, die aus Córdoba versteckt ihre Schönheit, die aus Granada ist hoffnungslos romantisch. Kathedrale nennen sie die eine, Mezquita die andere und Alhambra die dritte. Sie halten sie für Gebäude. Doch glaub ihnen nicht. Sie sind Frauen. Die eine ist Kopf, die andere Seele, die dritte ist Herz. Die Kopffrau ist die von Sevilla. Sie ist Wille und Autorität. Die größte gotische Kathedale der Welt. 500 Jahre alt. Das größte religiöse Gebäude Spaniens. Fünf Kirchenschiffe. Allein das Altarretabel misst vier Stockwerke, 23 Meter Bibelkino in 28 Szenen.

In dieser Kathedrale liegt Spanien, sagen sie in Sevilla. Tatsächlich liegt Christoph Kolumbus hier begraben, und seine vier Sargträger verkörpern die Königreiche Kastillien, Aragon, Leon und Navarra. Doch trauernd wirkt hier nichts. Denn die Dame Kathedrale ist gar nicht der Ort, in dem Spanien begraben liegt, sondern eher wo Spanien geboren ist.

Mit dieser Kirche triumphiert das christliche Spanien über die Mauren. Hier demonstriert es seine ganze Macht und Pracht. Von hier bricht es auf, um neue Welten, ganze Kontinente für das Christentum zu erobern. Diese Dame ist eine Eroberin. Und wie das Zepter ihrer Eroberung steht die Giralda neben der

Kirche. Jener Glockenturm, den sie Lippenstift nennen. Er ist das Wahrzeichen Sevillas, er war das Wahrzeichen des ganzen Christentums. Denn zu jener Zeit war die Giralda nicht nur das eroberte Minarett einer eroberten Moschee in einer eroberten Stadt, sondern auch das höchste Gebäude der damaligen Welt. Sevilla war New York, und diese Kathedrale war das Empire State Building.

Sie, die Dame Kathedrale, wusste von Anfang an, was sie wollte: dass sie wollte.

Die andere, die Romantikerin, wusste das nicht. Eigentlich nie. Die Alhambra von Granada ist immer eine Träumerin gewesen. Wer über die tief unten liegende Schlucht des Darro hinweg schaut auf die aschroten Mauern der Alhambra und den dahinter aufragenden Schneegipfel des Mulhacén, den höchsten Berg der Sierra Nevada, der sieht keinen Willen und keine Macht. Er sieht eine zarte Versuchung.

Wer sie besucht, der findet den Löwenbrunnen, die Puerta del Vino, den Saal der Gesandten. Er findet die Gärten und auch hier eine kirchenbauliche Demonstration. Aber er findet sie nicht, die Alhambra. Denn diese Dame ist flüchtig. Ja, da sind die Bäder, und es hallt auch von den Kacheln der Wände wider. Doch selbst wenn man einmal verwegen um eine Ecke biegt, um für einen Augenblick in der Leere eines Ganges das Erlebnis eines privaten kleinen Erschauerns zu erproben, wird man das Gefühl nicht los, dass sie nicht da ist. Diese Alhambra. Dass sie vielleicht nie da war.

In den Parks des Generalife kann man sie immerhin duften riechen. Ihre Anmut und Eleganz. Man spürt ihre Stille und Introvertiertheit, man hört im Gezirp der Zikaden oder im Murmeln der Wasser ihre Stimme. Ganz leise natürlich. Denn die Alhambra säuselt noch immer von ihrer letzten Eroberung. Die war am 2. Januar 1492. Nach langer Belagerung durch die katholischsten aller katholischen Könige. Damit fiel die letzte Bastion der Mauren in Spanien. Karl V. wollte die schlafende Dame noch einmal erobern, baulich. Er plante, Granada zum Regierungssitz zu machen. Deshalb ließ er einen großen Renaissancepalast auf der Alhambra errichten. Doch nach der Eroberung Amerikas zog es ihn westwärts. Der Palast wurde nie fertig gestellt. Lateinamerika aber erobert. Die Schöne von Granada durfte weiter schlafen.

Die dritte Schöne von Andalusien liegt in der Mitte dieser beiden. Nicht nur geografisch. Die Mezquita hat die Melancholie der Alhambra und den Demonstrationswillen der Kathedrale von Sevilla.

Die Mezquita ist eine verwundete Dame. Eine geschiedene, die ihre Wunden zeigt. Ihr erster Mann, der Emir Ad bar-Rahman I., begann 785 den Bau einer Moschee, die mit einer Ausdehnung von 23 000 Quadratmetern die größte der Welt werden sollte. Etwa 860 Marmorsäulen in parallelen Reihen tragen jeweils zwei übereinanderliegende Bögen und bewirken ein besonderes Spiel von Licht und Schatten. Im Jahr 1236 kam die Scheidung. Aus der großen Moschee sollte eine christliche Kathedrale werden. Doch nicht wie in Sevilla durch triumphale Dominanz und Entschiedenheit. Und auch nicht wie in Granada durch beiläufige Gelassenheit. Die Dame von Córdoba erlebte die Amputation am offenen Herzen. In ihrer Mitte baute man 234 Jahre lang ein gewaltiges Kirchenschiff im Stil der Renaissance.

Sie verlor ihre Anmut nicht einmal durch diese gewaltige Operation. Doch lebt sie seither als schizophrene Schöne. Es ist schwer zu sagen, welcher von den drei andalusischen Schönheiten der erste Rang gebührt. Sie sind Schwestern und sie kommen aus derselben Familie maurischer Herkunft und christlicher Zukunft. Je nach Temperament verkörpern sie mehr Gestern oder mehr Morgen. Doch heute, heute solltest Du Dir sie ansehen. Denn Schöneres gibt es nicht in dem Land, wo die Macht endet und der Traum beginnt.

Christine Valentin

Rote Peperoni und gelber Mais auf weißen Dächern

„Was sucht ihr bloß alle hier, Niño, in diesem hässlichen, langweiligen Dorf?“, fragt mich plötzlich die fast zahnlose, schwarz gekleidete alte Frau, die neben mir auf der kalten Steinbank des oberen Dorfplatzes sitzt. Hier – das ist Trevélez, das höchstgelegene Dorf Spaniens, weit herum bekannt für seinen luftgetrockneten Schinken, geliebt sowohl von der spanischen Königin Isabell II. wie vom italienischen Komponisten Giacomo Rossini. Trevélez ist ein typisches weiß gekalktes Alpujarra-Dorf, wo tausend Schritte steil bergauf zum Krämerladen oder zur Bar „Fernando“ nur noch Mühsal sind, beschwerliche Plackerei.

Alltag in Trevélez. Es ist noch früh und jetzt, Ende Oktober, auf 1476 Metern über dem Meeresspiegel ziemlich kühl. In der Bar „Fernando“, wo ich vorher eine ziemlich harte „Tostada“ aus gestrigem Brot nur dank dem Milchkaffee herunterwürgen konnte, trinken einige Männer den ersten „Carajillo“ des Tages. Sie sind schon vor Sonnenaufgang aufgestanden, das Ziegenglöckchengebimmel war unüberhörbar, und nun ist Pause. Zeit, um über Kühe und Schweine zu reden und mit dem Gemisch aus Branntwein und Kaffee das erste Knurren des Magens zu beruhigen. Zeit auch, um den Blick wie schon so oft durch die Bar schweifen zu lassen. Drei Trockenschinken, die an der Decke über der Theke baumeln, ein verstaubter Bergziegenkopf, der mit seinen Nüstern früher die eisige Luft am Mulhacén-Gipfel prüfte, ein uraltes vergilbtes Bayer-Plakat, und in der Ecke der obligate Fernseher, der abends die große weite Welt in die Bar „Fernando" wirft.

Und draußen sitzen wir Frauen, ich die Fremde, sie die Einheimischen. „Nur das Wasser, Niña", sagt die alte Frau nach einer längeren Pause unvermittelt, „das Wasser von Trevélez – da gibt's nichts Vergleichbares."

Aus dem Niño ist nun doch eine Niña geworden; meine Stimme hat den Ausschlag gegeben, auch wenn die kurzen Haare und die Jeans nicht in ihr Bild von einer jungen Frau passen wollen.

Ob ich in Granada wohne, will sie wissen. Schweiz? Ja, ihr Sohn lebe auch in Frankreich, „das ist weiter als Barcelona". Vor 30 Jahren ist er weggegangen – wie so viele aus dem Dorf. Drei-, viermal hat er sie mit seiner Familie besucht, das letzte Mal vor fünf Jahren. Und jetzt weiß sie eigentlich gar nicht, wie sie hier auf der kalten Steinbank sitzt und darauf wartet, dass der Arzt seine wöchentliche Sprechstunde öffnet, warum sie diesen Sohn geboren und aufgezogen hat.

Mit der „Alsina", einem klapprigen Bus, der schon etliche Jahre auf den Achsen hat, bin ich von Granada aus in vierstündiger beschwerlicher Fahrt zum 10 000-Seelen Dorf Trevélez hinaufgekurvt. Es war heiß, das T-Shirt klebte am Kunststoffpolster, und der Blick auf die Sierra Nevada machte deutlich, dass der Winter noch lange nicht kommen würde. Kein einziger Schneefleck war zu erkennen, braun und trocken ragten die höchsten Gipfel der Iberischen Halbinsel in den tiefblauen Himmel.

Das „verborgende Andalusien" – wie der Schweizer Ethnologe Jean-Christian Spahni die Alpujarras einst nannte – wollte ich entdecken. Doch je verborgener eine Gegend, desto beschwerlicher die Entdeckungsreise.

Aber 1492 muss die Reise noch beschwerlicher gewesen sein. Damals flohen Tausende von arabischen Familien nach dem Fall des islamischen Königreiches Granada vor den Spaniern in das lang gestreckte, wasserreiche und fruchtbare, an der Südflanke der Sierra

Nevada gelegene Bergtal. Doch auch hier sollten sie nicht länger bleiben können. Knapp 80 Jahre später erhoben sich die Bewohner der Alpujarras unter Aben Humeya in einem letzten, verzweifelten und aussichtslosen Kampf noch einmal gegen die christliche Vorherrschaft. 1570 mußten die letzten 150 000 Araber nach Nordafrika übersetzen. Die Alpujarras entvölkerten sich auf einen Schlag. Sechs Jahre später kehrte jedoch neues Leben in den weiß gekalkten steinernen Flachdachhäusern ein. Leben aus Galizien, Leon und der Estremadura. Denn 40 000 Spanier mussten auf Geheiß des spanischen Königs ihre angestammte Heimat verlassen und in den Alpujarras eine neue Heimat finden.

Sie brachten das Tal zu neuer Blüte. Sie gruben die Erde um, auf der Suche nach Eisenerz, und pflanzten auf terrassierten Hängen und am Ufer des Guadalfeo Pappeln, Eichen, Kastanien und Tausende von Maulbeerbäumen, Nahrung der Seidenraupenwürmer.

Doch dann wurde die Kunstseide erfunden, das Erz war nicht unerschöpflich, und die Menschen begannen, ihr Glück in den Städten des Nordens zu suchen. Ein ärmerer, stillerer Alltag kehrte in den Dörfern ein.

An die Zeit von damals erinnern nur noch die verschachtelten, verstreut an den Hängen liegenden Siedlungen, Zwillingsschwestern der Berberdörfer des Hohen Atlas. Denn auch die späteren Bewohner behielten während Jahrhunderten die arabische Bauweise bei. Erst seit einigen Jahrzehnten löst der andalusische Stil da und dort die traditionelle Architektur ab. Doch noch überwiegen die mit „Laune“ – einem wasserundurchlässigen Stein-Erde-Gemisch – gedeckten Flachdächer, auf denen Unterhosen und Leintücher im Wind flattern, auf denen rote Peperoni und gelber Mais in der Sonne trocknen. Und nur die Kirchen, meist ehemalige Moscheen, künden davon, dass hier und heute das Kreuz und die Bibel und nicht Koran und Halbmond herrschen.

Der Bus quält sich mühsam den Berg hinan. Lanjaron, der Badekurort, welcher halb Spanien mit Mineralwasser versorgt, und Orgiva, die Bezirkshauptstadt, haben wir hinter uns gelassen. Die Gegend wird rauer, kälter auch. Oliven-, Mandel- und Orangenbäume schlagen in der erodierten steinigen Erde keine Wurzeln mehr. Auch die rotgrünen stachligen „Chumbos", die Kaktusfeigen, die Agaven und die Granatäpfel bleiben unter uns. Das Tal erstreckt sich in die Unendlichkeit, und der Blick zurück gibt die Sicht auf ein im Dunst liegendes Stück Mittelmeer frei.

Die kurvenreiche schmale Straße wird an diesem Sonntag Ende Oktober zur Rennbahn für die Ausflügler. Der Bus-Chauffeur hat Hände und Füße voll zu tun. Er ist müde, schon seit 6 Uhr morgens unterwegs, die kurze Pause in Granada hat nur knapp zum Mittagessen gereicht. Später wird es auf der nun immer holprigeren Straße ruhiger; immer weiter hinauf windet sich der Bus, lässt die Vorzeigedörfer Pampaneira, Bubion und Capileira weit hinter sich zurück. Immer wieder steigen Passagiere mitten im Nichts aus, schlagen den Weg zu einem abgelegenen „Cortijo" oder zu einem unsichtbaren Dorf im Tal ein. Bauern auf schwerbeladenen Maultieren säumen den Weg, an Kastanien sammelnden Familien geht's vorbei.

Im Kupferlicht der untergehenden Sonne, beim ersten Frösteln der Abendkühle erreicht der Bus den unteren Dorfplatz von Trevélez. Dort herrscht Aufbruchsstimmung, spanische Kleinbusse, vollgestopft mit Schülern und Rentnern aus Almería und Motril, machen sich zur Abfahrt bereit. Doch nach einer halben Stunde ist der geldbringende Wochenendspuk vorbei, die Souvenirläden mit der „typischen" Alpujarra-Keramik aus den Fabriken von Granada und Valencia und den farbigen handgewebten Wolldecken aus Ugijar schließen die Jalousien. Zurück bleiben fünf schwarz gekleidete Frauen und einige ältere Männer, die die wenigen Neuankömmlinge distanziert betrachten. Das bisschen Jugend hat sich in die supergestylte Diskothek zurückgezogen, um dort bei der Musik von „Culture Club“ von der Stadt zu träumen. Der Alltag beginnt in Trevélez wieder.

Ich mache mich auf die Suche nach einer Unterkunft im oberen Teil des Dorfes, keuche mit zigarettengeschädigten Lungen den steilen, von Querrillen durchzogenen Weg hinauf – wie man hier wohl, wenn's Eis hat, mit heilen Knochen hinunterkommt? –, vorbei an stillen Häusern, die im unteren Teil glückliche Hühner, Schweine, Kühe und Ziegen beherbergen. Sie heizen gratis, wenn auch nicht geruchfrei.

Ein sauberes, einfaches Zimmer ist bald gefunden, die eiskalte Dusche ist im Preis inbegriffen. Dann denke ich an Kaninchen in Knoblauch oder an „migas“, ein Gericht aus Weizengrieß, Chorizo-Würsten, Peperoni und frittierten Sardinen. Doch die späte Stunde verhilft dem Kaninchen zu ungestörter Nachtruhe; morgen will ihm die Wirtin der Bar „Fernando“ dann den Hals umdrehen. So begnüge ich mich mit Fleisch und Pommes frites, trinke den herben, starken Costa-Wein und schließe mich dem fernsehschauenden Männer-Publikum an. In Südafrika wurde der Dichter Moloishe gehängt. Über Trevélez spannt sich die Milchstraße, und das Bett ist hart genug.

Nach dem Gespräch mit der alten Frau mache ich mich auf den Weg zu Joaquín, der nebst dem Bürgermeisteramt und einem Restaurant auch die größte Schinkentrocknerei des Tales besitzt. 200 000 Alpujarra-Schweine lassen hier jährlich ihr Leben und bescheren dem Dorf seit 1862 ununterbrochen die kulinarische Goldmedaille. Schon im Restaurant „Casa Joaquín“ hängen hunderte von zehn bis 20 Kilo schweren Schinken an der Decke, tropft überflüssiges Fett in kleine kegelförmige Behälter. Aber im „Secadero“ wird der kulinarische Traum zum Albtraum. Zu Tausenden hängen sie da, Stockwerke von Schinken, ein einziger Dschungel aus ehemaligen Schweinebeinen. Es sind die 1476 Meter über dem Meeresspiegel, es ist der Schnee der Sierra Nevada, die den Schinken von Trevélez zur Delikatesse machen. Denn die kühle Luft bringt es mit sich, dass zur Konservierung weniger Salz gebraucht wird und damit der Eigengeschmack des Schinkens deutlicher hervortritt.

Deutsche Reisegruppen, die ihre Charterferien am Strand von Almería verbringen, buchen zur Abwechslung Berge, Schinken und Forellen. Joaquín hätte gerne noch mehr solcher Gruppen in Trevélez und notabene in seinem Restaurant. „Die kommen hier an, essen und trinken, dann machen sie einen Abstecher ins Dorf, schauen in die Hühnerställe und die Souvenirläden und steigen wieder in den Bus. Das schadet dem Dorf nicht, das bringt uns Geld, erhält Arbeitsplätze."

Auch der 66-jährige Fermin, der sich als Geschichtsschreiber des Dorfes betätigt und mit den alten Bräuchen und der Streichmusik der Alpujarras noch bestens vertraut ist, steht dem Tourismus positiv gegenüber. „Es sind die Fremden, die die alte Kultur, die gewachsene überlieferte Architektur am Leben erhalten. Sie kommen deshalb in die Alpujarras, und sie helfen so mit, neue Arbeitsplätze zu schaffen. Allein in Trevélez gibt es 60 arbeitlose Männer. Aber in einigen Dörfern gibt es jetzt junge Leute, die die verwaisten Drehscheiben und die stillstehenden Webstühle wieder in Gang gesetzt haben und damit jetzt ein Auskommen finden."

Fermin widmet seine Pensioniertenfreiheit der Geschichtsschreibung seines Dorfes und der Alpujarras. Der jüngeren Geschichtsschreibung notabene. Denn Fermin ist Kommunist, und sein Alpujarra-Alltag war während 40 Jahren ein Albtraum. Als junger Mann war er im Bürgerkrieg, auf Seiten der Republikaner hat er gekämpft, auf Seiten der Republikaner wurde er besiegt. Dann folgten zwei Jahre Guerilla, die sich in den zerklüfteten Bergtälern der Alpujarras auch noch lange nach der Machtübernahme von Franco hielt. Und es folgten ein Jahr Gefängnis und später 40 Jahre Schweigen. „Es war schwer, hierzubleiben, nach dem Gefängnis, alle wussten, dass ich ein Roter war und der Faschismus regierte. Es war schwer, den alltäglichen Schikanen die Stirn zu bieten, überhaupt irgendwo Arbeit zu finden. Aber ich habe Glück gehabt. Andere wurden erschossen."

Und Fermin liest aus einem karierten Schulheft vor, der Frühling 1939 wird lebendig, Hunderte von Jugendlichen und Männern fallen unter den Schüssen der Falange in Torviscon, in Berchules, in Juviles. Andere werden deportiert, ins Gefängnis geworfen. Und Fermin zeigt mir Schulheft um Schulheft, erzählt von seinen Reisen in die abgelegenen Dörfer und „Cortijos", um noch überlebende Widerstandskämpfer zu befragen, um ihre und seine Geschichte zu Papier zu bringen. „Ich suche schon lange jemanden, der alles überarbeiten würde, damit man es dann drucken könnte, damit diese unsere Geschichte nicht verloren geht."

Als ich am anderen Morgen die 1000 Schritte steil hinab zur „Alsina" haste, für den Gegenwert eines Kusses von einem stoppelbärtigen alten Bauern die Tasche mit Kastanien gefüllt erhalte, ist von der Geschichte nichts mehr spürbar. Trevélez atmet nur noch Idylle, landwirtschaftliche Postkarten-Idylle der Städter.

Hans-Jürgen Heise und Annemarie Zornack

Granada ist nicht die Alhambra

Eine winzige weißgekalkte Bar; und nebenan ein düsterer, fast schäbiger Raum, grün gestrichen – mit Holztischen, Klappstühlen. Wir verlangen, was alle hier essen: caracoles, Schnecken. Schnecken in brauner scharfgewürzter Sauce. Dazu Wein.

Weil der Wirt in dem Gesprächs- und Gesangslärm unsere Bestellung nicht hört, ruft seine halbwüchsige Tochter: Ehhh, papaíto – Heee, Papachen. Die Verkleinerungsform fast aller Namen und sehr vieler Dingbezeichnungen verrät eine starke affektive Zuwendung zu den Gegenständen der Umwelt, eine Art Verzärtelung, die keinesfalls bei den nächsten Verwandten und den Objekten der Nachbarschaft haltmacht, sondern die auch Entfernteres an sich heranzieht und mit der Hülle familiärer Zuneigung umgibt.

Wir sind auf dem Albaicín, jenem Teil Granadas, in dem die Touristen immer noch Fremde sind: Fremde, die zwar bisweilen in ganzen Busladungen herbeigeschafft werden; glücklicherweise jedoch nicht, um nach allen Seiten in die Gassen auszuschwärmen und den alten maurischen Stadtteil völlig in Besitz zu nehmen.

Die Touristen bleiben an wenigen Plätzen dicht beieinander. Sie fotografieren von der Höhe des Albaicín über die tief unten liegende Schlucht des Darro hinweg die aschroten Mauern der Alhambra und den dahinter aufragenden Schneegipfel des Mulhacén, den höchsten Berg der Sierra Nevada. Dann verschwinden sie als Gruppe in einer Kneipe, in der möglicherweise schon die sangria für sie bereitsteht, um ihnen in der Hitze einen raschen Rausch zu verschaffen, der sie vergessen lassen soll, daß es eine knappe Stunde später wieder in die Stadt hinuntergeht, in das moderne Granada mit seinem Benzingestank, seinem Verkehrslärm und seinem shopping.

Für die Fremden, die neuerdings sogar über einen von Jets anzusteuernden Flugplatz herangebracht werden können, ist Granada in erster Linie die Alhambra. Aber mit dem islamischen Bauwerk verhält es sich wie mit allen Touristenattraktionen. Man stößt dort auf nichts, was man nicht, steht man schließlich davor, bereits kennt. Die Überraschung, die Überwältigung bleibt aus. Zwar ist alles vorhanden: der Löwenbrunnen, die Puerta del Vino, der Saal der Gesandten. Aber kaum etwas sprengt den Rahmen der Erwartung und zerbricht das Klischee seiner oft schon beschriebenen und kunstvoll bis ins Detail abfotografierten Identität.

Ja, da sind die Bäder, und es hallt auch von den Kacheln der Wände wider. Doch selbst wenn man einmal verwegen um eine Ecke biegt, um für einen Augenblick in der Leere eines Ganges das Erlebnis eines privaten kleinen Erschauerns zu erproben, wird man das Gefühl nicht los, nicht wirklich angekommen zu sein, zumal man bereits wieder Schritte hört, ein Lachen, zwei, drei Stimmen, darunter die Stimme eines Fremdenführers.

Schon in den dreißiger Jahren, also noch zur guten alten Zeit der Baedeker-Reisenden, nannten die Granadiner die Ausländer, die auf den Spuren Washington Irvings die Alhambra besuchten, tíos turistas, Touristenonkel. Wieviel stärker muß die Aversion der Einheimischen heute sein, da die Stadtplanung (sprich die Bodenspekulation) bereits nach dem einzigen Fleckchen auf der Alhambra-Höhe gegriffen hat, der den Granadinern als Zuflucht geblieben ist, nach dem Carmen de los Mártires, dem Park der (christlichen) Märtyrer.

In dieser weitverzweigten Anlage gibt es schöne, von Statuen gesäumte Alleen und verschwiegene Wege unter subtropischen Bäumen, und den Mittelpunkt bildet ein großer, verschlickter Teich mit einem über eine Brücke zu erreichenden Inselchen. Bisweilen erblickt man auf einer Bank oder einer zerbröckelnden Mauer einen lesenden Studenten oder auch ein Liebespaar.

Stille, vom Gezirp der Zikaden hörbar gemacht.

Der Carmen de los Mártires, oberhalb des Genil-Tals gelegen (ganz in der Nähe von Manuel de Fallas Haus), ist ein Refugium der Granadiner. Man kann von dort auf die Stadt blicken, und es herrscht hier – besonders in den heißen Mittagsstunden, wenn die Straßen unten in Staub und Glast verschwinden – eine betörende Atmosphäre aus Pflanzenduft und Wasserkühle. Bald wird sich auch von diesem Park nur noch das sagen lassen, was längst von der Alhambra gesagt werden muß: daß der Genius loci mit unausweichlicher Konsequenz durch seinen eigenen Nimbus zerstört wird, insofern, als er mehr und mehr Menschen anlockt, Reisende, die zunächst mit den richtigen Erwartungen, mit einer adäquaten Einstellung kommen, die im Laufe der Zeit aber jedes Gefühl für den subtilen Charakter der bewunderten Werte verlieren, so daß sie am Ende in ihrer uniformen Gesamtheit genau das zerstören, was zu genießen sie hergekommen sind.

Granada besitzt nur noch auf dem Albaicín etwas von seinem alten maurischen Wesen.

Die Stadt selbst ist voller kommerzieller und industrieller Unrast. Preßluftbohrer erdröhnen, und überall werden Straßen aufgerissen, Straßenbahnschienen entfernt und Fahrbahnen verbreitert. Zwischen Baugerüsten, die oft nicht einmal den primitivsten Sicherheitsbestimmungen genügen, wachsen die Waben des sozialen Wohnungsbaus in die Höhe. Doch wieviel neuer Raum auch geschaffen wird: die Menge derer, die eine halbwegs moderne und bequeme Wohnung suchen, nimmt eher zu als ab. Granada, wie ganz Spanien, ist im Umbruch.

Da gibt es zwar noch Marktfrauen, die das Gemüse und Obst mit der Handwaage abwiegen, und man kann auch mal im Verkehrsstrom der Autos aneinandergebundene Esel mit Lasttaschen voller Bauschutt dahinzuckeln sehen. Doch allein die Tatsache, daß solche Bilder vom Bewußtsein als etwas Besonderes registriert werden, ist Beweis genug dafür, wie sehr Granada im Begriff ist, sich in eine moderne Großstadt ohne spezifisches Flair zu verwandeln.

Der progressive Raumordnungsgedanke machte selbst nicht vor der Plaza Nueva, dem volkstümlichen Platz unterhalb des Aufstiegs zur Alhambra, halt. Zwar hat man nun den Autoverkehr flüssiger gestaltet. Aber mit dem alten Pflaster verschwanden zugleich die Straßencafés und die Zigeuner, und die neue nüchterne Beleuchtung lädt die Granadiner kaum noch zu einem paseo, zu einem abendlichen Bummel, ein.

Extrem unerfreulich ist es am Autobusbahnhof, am Camino de Ronda, einer lärmerfüllten Umgehungsstraße, über die der Fernverkehr braust.

Früher war hier eine Gartenlandschaft, eine reizvolle Übergangszone von Stadt und Land, in der sich die Menschen während der heißen Monate erholten – zu einer Zeit, als es keine Aircondition gab und die Fächer noch die Arbeit der Klimaanlagen taten.

Heute drängt die Stadt in die Vega hinaus: in demselben unproportionierten Umfang und Tempo, in dem die campesinos aus der Vega in die Stadt hineinströmen, um Arbeit zu suchen.

Immer wieder steigen Landarbeiterfamilien mit nichts als ein paar Bündeln Habseligkeit aus einem der Provinzbusse und sehen sich hilflos um. Landflucht. Ein fast symptomatischer Exodus. Eine gefährliche Bewegung von Individuen in eine andere Form des Elends, in eine Situation definitiver Entfremdung und Vermassung.

Am Camino de Ronda liegt Granadas berühmtestes Flamenco-Lokal. Es hat den verführerischen Namen „Jardines Neptuno", Gärten des Neptun. Zwar gibt es ringsum noch einiges Grün. Doch das Wort jardines in seiner üppigen Pluralform will offensichtlich mehr vermitteln als bloß eine Vorstellung von Vegetation. Es will die Erinnerung an Manuel de Falla wachrufen: an die sinnlich-sirrende Klangfülle von „Noches en los jardines de España".

Gärten des Neptun – das beschwört unterschwellig des maestros Nächte in spanischen Gärten: und es suggeriert zugleich antike Lebensfülle, meerentbundenes Bacchantentum.

Jardines Neptuno – in grüner Neonschrift steht es da über dem dunklen Himmel der Vega. Und die Besucher, die auch hierher mit Bussen kommen, trinken ihre sangria oder, seltener, ihren Champagner, der besser ist.

Erwartungsvoll richten sich ihre Augen auf das, was da kommen soll – und was denn auch tatsächlich kommt: auf das pathetisch herausgeschmetterte Lied „Granada" von Lara, das so ölig und italienisch klingt, wie man es sich nur vorstellen kann. Weswegen es auch am meisten beklatscht wird ... weitaus mehr als einige wirklich gute Darbietungen, als ein paar subtil vorgetragene Lieder und Tänze.

Jeder der Fremden hat sein fertiges Spanienbild parat. Er weiß: Olé und Kastagnetten. Da kann der Sänger, wenn er die siguiriya aus der Tiefe eines gut gespielten oder vielleicht sogar echt empfundenen Gefühls herauspreßt, allenfalls die allgemeine gute Stimmung etwas dämpfen. Ebenso wie jene Tänzerin, die ihre Bewegungen mit pitos, mit hartem Schnipsen der Finger, begleitet, bedeutend weniger imponiert als die anderen, die zu dem hübschen Aufputz ihrer trajes de gitanos, ihrer Festkleider, tüchtig mit den Holzrasseln klappern. Bevor die Touristen in den Jardines Neptuno sich mit ihrer süßen sangria einen gehörigen

Nachdurst antrinken, sind sie schon bei den Zigeunern des Sacromonte gewesen. Und dort haben sie in einer der in den Berg hineingebauten Höhlen, etwa bei Maria la Canastera, eine ganze Familie tanzen sehen. Freilich, das Feuer des duende, des Dämon, wurde auch in dem pseudoprivaten Milieu nicht stärker entfacht als in den Gärten des Neptun.

In der glamourhaften Atmosphäre des Nachtclubs alles kalte Perfektion, alles leidenschaftslose Gekonntheit, so wird von den Zigeunern mäßig beflissener Dilettantismus offeriert.

Die großen Talente, die es einstmals in Granada gegeben hat, sind längst gestorben, oder aber sie sind fett und träge geworden und leiten nun diejenigen Mitglieder ihres Familienclans an, die nicht das Zeug haben, fortzugehen, um sich auf den tablaos Madrids und Barcelonas oder auf den Bühnen der Welt als Stars feiern zu lassen.

Wer in Granada bleibt und seine Leistungen als „típico, típico“ feilbietet, ist meist nur noch im Neppgeschäft tätig.

Ein heutiger gipsy-dancer übt nicht mehr jene packende Kunst aus, die im vorigen Jahrhundert einen Glinka lange in Granada festhielt und ihn vom musikalischen Quell zigeunerisch-andalusischen Volkstums trinken ließ.

Der „flamenco“ wurde platt. Eine Angelegenheit des Showbusiness. Ob als Tanz, als Gesang (cante jondo, cante chico) oder als Gitarrenspiel – der moderne Flamenco ist nichts anderes als zitiertes Zitat, nichts als weitergereichtes, aber nicht länger mit eigenen Gefühlsnuancen angereichertes Erbgut einer vitalen Minderheit, die ehedem die Fähigkeit besessen hat, Kraftvoll-Gestautes immer wieder abzuwandeln und es so mit dem Blut des Lebendigen zu durchpulsen. Die Zigeuner führen in Granada nicht mehr die kümmerliche Existenz von Randbewohnern. Sie sind sozialer Bestandteil der Stadt geworden. Wenn ihre Frauen bisweilen auch noch, einen Säugling am offenen Busen, auf den Wegen der Touristen herumlungern, um zu betteln – die Not in den cuevas ist kleinbürgerlichem Wohlstand gewichen.

Zwar sind die gutbetuchten Zaungäste, die, wie Curd Jürgens, ihr Autogramm an den weißgekalkten Wänden hinterlassen, seltene Glücksfälle. Doch auch wer nicht als Prominenter, sondern als Pauschalbesucher die exotischen gitano-Puppen tanzen läßt, zieht einige pesetas aus der Tasche.

Was den Zigeunern nützt, nützt auch den Hoteliers. Die Touristen, weil sie außer den Sehenswürdigkeiten in Stein noch etwas Folklore geboten bekommen, bleiben ein, zwei Tage länger. Sie blicken nicht nur vom Alhambra-Berg auf den Albaicín; sie sehen sich auch vom Albaicín aus das Alhambra-Massiv an.

Weil jedoch die Hitze groß und der Weg allemal steil ist, lassen sie sich von Höhe zu Höhe mit einer Taxe fahren – von einem Chauffeur, der unter Umständen viele unnötige Abbiegungen und viele Umwege macht. Denn die Taxifahrer Granadas (die Neuankömmlinge können das nicht wissen) sind – genau wie die Schuhputzer – häufig gitanos, mit allen Wassern des Darro und des Genil gewaschene Zigeuner. Granada, nachdem es immer mehr den Fremden anheimfällt, hat sich fast ganz auf den Albaicín zurückgezogen. Hier, wennschon es hinter den schmiedeeisernen Portalen auch prunkvolle Villen und verschwenderisch-schöne Gärten gibt, wohnt zwischen alten Kirchen und in einem fast noch dörflichen Ambiente vor allem das einfache Volk. Handwerker, Händler, Arbeiter.

Der Albaicín ist eine Siedlung, die – damals außerhalb des eigentlichen Granada errichtet – 1227 von jenen maurischen Flüchtlingen gegründet wurde, die von den Christen aus ihrer Heimatstadt Baeza vertrieben worden waren.

Noch heute läßt der Albaicín an Nordafrika denken, etwa an gewisse Straßenzüge der Kasbah von

Algier. Viele Gassen sind so verwinkelt und steil, daß sie von keinem Auto befahren werden können. Und manchmal kann man durch eine offene Tür bis auf einen der patios blicken, wo ein Springbrunnen einen Dialog mit der Hitze führt.

Alte Frauen, die auf winzigen Stühlen zwischen Geranientöpfen und Kübelpalmen sitzen, hantieren, wiewohl sie zu schlafen scheinen, mit ihren Stricknadeln. Und Hunde, die erst abends, wenn überall die Beutel für die Müllabfuhr vor die Tür gestellt werden, auf Nahrungssuche gehen, dösen im Schatten, oder sie heften sich für einen Gang um zwei, drei Ecken an das Hosenbein eines Vorübergehenden.

Der Albaicín ist vom modernen Leben weniger berührt als der Sacromonte, der angrenzende Heilige Berg der Zigeuner, den man übrigens über ein gemeinsames Stück Straße, über das untere Ende der Cuesta del Chapiz, erreicht. Der Albaicín ist noch ganz auf sich selber bezogen. Und wenn die Geschäfte dort bis gegen 11 Uhr abends geöffnet sind, dann nicht, um Touristen anzulocken, sondern weil die Frauen gern die Abendkühle nutzen, um sich in der behaglichen Atmosphäre der Kramläden zu treffen.

Nun, bei schwindendem Licht, machen sich auch die Hunde zu ihren Beutezügen auf. Die Nase am Boden, streifen sie wedelnd vorüber. Sie kennen ihre Ziele: Fleischereien, wo es Kaldaunen, Bars, wo es Reste von Schalentieren gibt. Waren sie tags darauf aus, mit Kindern zu spielen oder ein freundliches Wort zu erhaschen, so ist ihr Handeln jetzt ganz zweckgerichtet. Dies sind die ernsthaften Stunden der Nahrungssuche, die konzentrierten Abenteuer des Abfalldurchschnupperns.

Der Platz Aliatar ist besonders belebt. Männer gehen von einer Bar in die andere. Und Großmütter plaudern auf den Steinbänken und haben Kleinstkinder auf dem Schoß, die noch zwei Stunden vor Mitternacht hellwach sind. Auf einer Bank, auf der eigentlich nur drei Menschen Platz finden können, sitzen zehn größere Mädchen – auf dem Schoß und Schoßesschoß. Ein Junge erprobt an einem Baum seine Kraft; und die ganze Zeit über ist der Brunnen belagert, an dem die Kinder spielen und aus dessen Becken bisweilen auch die vorbeistromernden Hunde schlappen. Ganz anders als sie – nämlich gleichmäßig, leise, geradezu unmerklich – trinken drei Mulis, die von der Arbeit kommen und die nun ihrem Stall zustreben. Nur das erste Tier wird geführt, die beiden anderen traben hinterher.

Wir betreten eine Bar. Caracoles, Schnecken, auch hier. Wir trinken vino corriente, Landwein.

Eine zwergenhafte Zigeunerin mit langem roten Rock und Hängebrüsten in einem gestreiften Pullover fragt, ob sie uns nicht die Zukunft aus der Hand lesen solle. Wir lehnen ab – mit der Begründung, die Zukunft sei ein Geheimnis. Das macht sie sehr aufgebracht. Die Zukunft wäre kein Geheimnis, nicht für sie! Wir bedeuten ihr, daß hier ein Mißverständnis vorliege. Wir hätten natürlich keinerlei Zweifel an ihren hellseherischen Fähigkeiten. Wir wollten nur, daß die Zukunft ein Geheimnis bliebe. Für uns. Da hellt sich ihr Gesicht auf. Ja, einen solchen Standpunkt, den könne sie verstehen. Die Zukunft sei in der Tat ein großes Geheimnis.

Ein Mann kommt herein. Er verteilt Werbezettel für den Stierkampf, der morgen stattfinden soll. Die Tatsache, daß es auch eine unblutige corrida in portugiesischer Manier geben soll, erregt das Gelächter einiger Männer. Hombre, diese Portugiesen, die den Stier nicht richtig anzupacken wissen. Die nicht bis zum wirklichen Ende zu gehen verstehen. Diese zimperlichen Kerle à la Caetano. Man sieht ja, wohin so etwas führt!

Wir zahlen, gehen. In einer Gasse kommen wir an dem duftenden Öfchen eines Pellkartoffelrösters vorbei. Schließlich stehen wir in einer anderen Bar. Von der Decke hängen große luftgetrocknete Schinken herab. Und in einer Wandnische, hinter einem schwarzen Gitter, steht ein Heiligenbild. Darunter: ein Puppenstubenstühlchen, auf dem liegen ein winziger Sombrero und eine winzige Gitarre. Kitsch. Hier wird er noch liebevoll in Kulteckchen arrangiert und von einem Gefühl unreflektierter Zuneigung beseelt. Wieder bestellen wir Rotwein. Und wieder Schnecken. „Carracolääh", ruft der Wirt nach hinten. Aus der Küche, die zum patio, zum Hofgarten, hin offensteht, hören wir es zirpen. Grillen. Nein, was da zirpt, ist ein großer waschkesselähnlicher Topf, der auf dem Herd steht und unter dessen schwarzem Deckel das Wasser mit den Schnecken siedet.

Dieser Text ist 1974 entstanden und gibt die Atmosphäre jener Jahre wieder.

Georges Hausemer
Churros mit Julio

An einem gewöhnlichen Vormittag. Gedränge in der Markthalle, beharrliches Warten an der Bushaltestelle, Gehupe an den Kreuzungen. Verkehrsampeln gibt es nicht. Von Zeit zu Zeit stellt sich einer der Dorfpolizisten mitten auf die Fahrbahn, bläst in seine Pfeife und fuchtelt mit den Armen. Aus der Konditorei, die hier Pastelería heißt, schwappt süßlicher Duft auf die Straße. Manchmal heißt die Pastelería auch Churrería, ihr wichtigster Angestellter ist dann der Churrero. Das klingt beinahe wie Torero. Der Churrero steht tagein, tagaus vor einem Aluminiumkessel, in dem siedend heißes Öl brutzelt. Ab und zu tritt er nach draußen auf den Bürgersteig und raucht hastig eine Zigarette. Meistens jedoch hat er an seinem Arbeitsplatz reichlich zu tun. Er achtet auf die richtige Temperatur des flüssigen Fetts, gibt mit einer Art metallischen Spritzpistole die langen, bleichen Teigwürste hinein, die als helle, dickliche Rührmasse in einem Behältnis über dem Kessel lagern. Anschließend wendet er die Spiralen, damit sie beidseitig gebacken werden, hebt sie mit einem spießförmigen Utensil heraus, lässt sie abtropfen, schneidet sie mit einer Schere in etwa 15 Zentimeter lange Stücke und legt die Kringel schön säuberlich auf die bereitstehenden Teller.

Churros, lese ich in meinem Wörterbuch, sind eine Art Spritzkuchen und werden in Öl gebacken. Das stimmt. Aber Churros sind viel mehr. Nämlich ein andalusisches Grundnahrungsmittel, für Südspanien mindestens so typisch wie Stiere, Sherry, Osterprozessionen und Flamenco.

Oft genug ist es in einer Churrería unmöglich, einen Sitzplatz oder auch nur einen Stehplatz an der Theke zu ergattern. Zumal vormittags, sagen wir so zwischen zehn und 13 Uhr. Für die Spanier die Zeit des zweiten Frühstücks. Oder des ersten Frühstücks, denn viele Einheimische gehen morgens mit leerem Magen aus dem Haus. Der Churrero macht sie alle glücklich. Die Naschkatzen und die Heißhungrigen. Den jungen Mann in Anzug und Krawatte genauso wie die Mutter mit dem quengelnden Kleinkind. Den älteren Herrn, der geduldig seine Zeitung liest, ebenso wie die Schülerinnen, die eifrig in ihre Hausaufgabenhefte schreiben. Marktfrauen, Rentner und Hausmütterchen, der Verkehrspolizist, das tatterige Ehepaar und die Kassiererin aus dem Supermarkt vis-à-vis – alle, ausnahmslos alle, bestellen eine Portion Spritzgebäck, tunken es mal verträumt, mal hastig in ihren Milchkaffee oder in heiße Schokolade. Es gibt sogar welche, die zu ihren Churros Bier trinken. Oder gleich nach einer doppelten Portion des knusprigen, goldgelb leuchtenden Gebäcks verlangen. Es herrscht eine heitere, unverkrampfte, bald hektische und im nächsten Moment wieder völlig entspannte Atmosphäre. Beste Voraussetzung, um den Andalusiern beim Leben zuzuschauen. Geschirr klappert. Die Kaffeemaschine zischt. Serviettenfetzen und leere Zuckertütchen fallen zu Boden. Die Gäste schnattern. Die Kellnerinnen und Kellner schlängeln sich mit Engelsgeduld zwischen den Tischen und Stühlen hindurch. Und aus den hoch unter der Decke schwebenden Lautsprechern schmalzt Julio Iglesias. Zuckersüß, unverfänglich und für Fremde gelegentlich genauso schwer verdaulich wie ein Teller voller Churros an einem beliebigen Vormittag in Andalusien.

Wolfram Weimer
Sevilla fließt

Die Frauen in Madrid tragen den Kopf höher und sie gehen nicht nur, sie schreiten. Die Frauen in Barcelona, die kleiden sich eleganter, und sie sprechen nicht bloß, sie summen. Die Frauen in Sevilla aber können schauen wie nirgends sonst in Spanien. Denn mit ihren Augen sehen sie nicht nur, sie leben mit ihnen. Neben ihren Blicken sind die Frauen Madrids und Barcelonas blind.

Die Augen der Sevillanerinnen sind so oft besungen, bedichtet und bewundert wie die Giralda. „Die Augen unserer Frauen ist das Schönste, was Andalusien zu bieten hat." Sagen die Männer. „Mit diesen Augen sehen sie nicht, sie wollen gesehen werden." Hoffen sie, die Männer, die diesen Augenblicken erlegen sind.

Ob sie als Carmen bunt verkleidet sind und winzige Seidenschuhe tragen, die in Deutschland gerade einem Kind noch passen würden. Ob sie auf hohen Pumps umherstolzieren, in Shorts und Sandaletten auf dem Motorroller heranbrausen oder in Business-Kostümen ins Büro huschen. Die Sevillanerin ist anders als das Klischee von ihr. Weniger zart als hart. Weniger verspielt als gezielt. Sie wartet nicht auf die Blicke der Männer, sie schaut selber nach dem Rechten. Das Selbstbewusstsein der modernen Frauen von Sevilla könnte in New York nicht ausgeprägter sein.

Und doch haben sie diesen Blick. Wer ihm flüchtig begegnet, wird etwas von Zigeunerfeuer faseln, wer näher hinschaut erkennt das Pathos der Kathedrale und den Stolz der Giralda. Wer die Augen aber genau studiert, der entdeckt etwas Fließendes, langsam Bewegtes. Wie der dahinströmende Guadalquivir, der leise Geschichten murmelt von Sehnsüchten und Vergänglichkeit.

Die fließenden Blicke sind Merkmal nicht nur der Augen, sondern der ganzen Stadt. Sevilla thront auf keinem Berg und säumt sich an kein Meeresufer. Es füllt kein Tal, und es malt keine Silhouette. Die Stadt verbirgt sich wie eine Katze in der Mittagshitze. Sie will nicht unbedingt gesehen werden. Sie stellt vielmehr Bedingungen, wenn man ihre Schönheit genießen will.

Ihr Antlitz ist am späten Nachmittag am schönsten, sie macht eine gute Figur in der Nacht, aber bei hellem Tageslicht verzieht sich die Dame wie hinter einen Vorhang des Lichts. Ihre Augen sind dann blind.

Zur blauen Stunde aber, wenn ohnedies alles verschwimmt, dann funkelt sie plötzlich. Dann inszeniert sie das Fließen und Verfließen, das Verflossene und das Spitzige. Kathedrale und Maurenpalast werden eins, die alte und das neue Weltausstellungsgelände, die Gassen des Judenviertels fließen ineinander wie viele Bäche zu einem Strom des Sichtreibenlassens, es fließen die Innenhöfe mit den Straßen, die Bars mit den Trottoirs, die Motorradfahrer mit den Fußgängern, die Omas mit den Jungwilden.

Sevilla zerfließt schon im Rückblick seiner selbst. Vielleicht eine Gründung der Phönizier, vielleicht auch nicht, war Sevilla schon vor der Ankunft der Römer ein wichtiges Handelszentrum. Man ließ die Waren fließen, hierhin und dahin und hieß im Altertum Hispalis; Caesar höchst selbst startete hier seine Karriere und erhob die Stadt 45 v. Chr. zur „colonia“. Hispalis war eine der bedeutendsten Siedlungen im römischen Reich und wurde mehrfach von Kaisern besucht; doch 428 auch von den durchziehenden Vandalen geplündert, um fortan die Herren wechseln zu lassen wie der Wasserstand des Guadalquivir. Sevilla ließ die Macht, das Geld und den Glauben heraus- und herein fließen wie es gerade kam. Die Stadt entwickelte keine eigene Macht, sondern nutzte die Macht der jeweils Kommenden. Mal waren es Kaiser, mal Räuber, mal Bischöfe, mal Seefahrer. Isidor von Sevilla, der gerne als der letzte große Gelehrte der Antike und zugleich der erste des Mittelalters gilt, verkörpert das Fließende der sevillanischen Identität.

Die islamischen Mauren eroberten die Stadt 712 und machten sie zur Hauptstadt einer Provinz Isbiliya, woraus sich der Name Sevilla ableitet. Eine fließende Mischung abend- und morgenländischer Sprache.

Am 23. November 1248 schwappten die Gezeiten der Geschichte wieder zurück und Sevilla wurde nach mehrmonatiger Belagerung durch Ferdinand III. von Kastilien erobert. Fast 300 000 Mauren verschwanden nach Nordafrika. Doch wer glaubt, ihr Geist sei noch da, der kennt Sevilla nicht. Der Geist ist längst verdünnt, verflossen, und das Bewusstsein der Sevillaner ähnelt vielmehr dem eines Intendanten, dessen Bühnen bunt bespielt werden. Denn nach den Mauren kamen die allerchristlichsten Welteroberer. Von Sevilla aus brachen sie auf nach Lateinamerika. Im 17. Jahrhundert wurde die Stadt zum Hauptumschlagplatz des europäischen Seehandels und Zentrums der spanischen Kunst. Hier planten und starteten Amerigo Vespucci und Ferdinand Magellan ihre gewaltigen Entdeckungsreisen. Hier dürften Träume und Realitäten ineinander fließen.

Als der Guadalquivir versandete, die Stadt ihrer wirtschaftlichen Bedeutung beraubt wurde, der Tod also näherkam, da verlegten sich die Sevillaner auf das Zelebrieren des Todes. In 130 Kirchen lebten die Frauen fromm aufs Jenseits bedacht. Und die Männer feierten den Tod in der Maestranza – der schönsten Stierkampfarena der Welt. Aber sie blieben sich treu in ihrer Treulosigkeit, denn sie blieben bei sich. Sie ließen das

Leben herein- und herausfließen aus ihrer Stadt. Die eigenartige Treue, die Treue als Eigenart, die Treue zu sich, bildet bis heute das allgegenwärtige und so sonderbare Stadtwappen Sevilla. NO 8 DO. Die 8 stellt ein Wollknäuel (Madeja) da. Und so ergibt sich das fließende Wortspiel. NO-MADEJA-DO (No me ha dejado), in etwa zu übersetzen mit „Sie hat mich nicht verlassen". Dieses Wortspiel geht auf Alfons X., der sich damit für die Treue der Stadt Sevilla bedankte, in der er nach seiner Entthronung bis zu seinem Tod im Exil lebte.

Sie lassen alle bei sich leben. Denn Sevilla ist wie kaum eine andere Stadt bei sich selber. Es imitiert keine metropolitane Vision, es spielt nicht fremd, kein falsches Gestern oder cooles Morgen. Es lebt mit sich im Reinen. Von außen betrachtet, gibt es einen spanischen Metropolenwettbewerb mit Barcelona und Madrid. Von außen betrachtet eifert es mit Lissabon und Pamplona um die schönste Weltausstellung der Moderne. Und es rangelt mit den andalusischen Schwestern Córdoba und Granada um die Gunst der Touristen.

Die Sevillaner selbst messen sich nicht an anderen. Sie reisen auch viel weniger als andere, oft reisen sie gar nicht, vielleicht einmal ans Meer, eine Stunde Autofahrt. Sie messen sich auch nicht mit dem großartigen Morgen, nicht einmal – auch wenn das viele Touristen meinen – mit dem grandiosen Gestern. Die Sevillaner messen ihr Leben an den Blicken ihrer Frauen. Und die sind fließend.

Brigitte Haertel
Im Garten schreien die Eulen

Von Jerez de la Frontera nach Ronda

Felipe ist von untadeligem Äußeren, und sein nobles Wesen verbietet ihm jede Form von Widersetzung. Als Ausbilder an der königlich-spanischen Reitschule von Jerez gehört er zu den Weltbesten in seinem Fach. Am Wochenende unternimmt er Ausritte mit Gästen vom Gestüt seines Vaters aus, Manuel Rodriguez Sanchez. Dann preschen sie auf ihren Andalusier-Hengsten durchs Tor der väterlichen Finca „El Tesorillo“ über die Hügel vor Jerez; weite Horizonte, eine Landschaft fürs Wesentliche tut sich da auf. Schon ein paar Blüten wirken wie Verschwendung. Die Reitgesellschaft trabt vorbei an Landarbeitersiedlungen und stattlichen Höfen, hier Tagelöhner, dort der Patrón – ein Antagonismus, der dieses ganze Land prägt. Auf den kalkweißen Böden ringsum gedeihen die Erben der Sherrybarone. Ein Palast am Rande der Altstadt von Jerez steht für das Extravagante dieser Klasse: Sherryexporteur Permartin, der auch die Pariser Oper schuf, gab ihn um die Jahrhundertwende in Auftrag. Doch die Barone von einst sind heute meist stille Manager oder stille Teilhaber, und in Permartins Palast residiert jetzt die Hofreitschule. Die Nacht verbringen die Reiter auf „Cortijo Fain“, einem Hof nicht sehr weit von Sanchez' Gestüt. La Senora Soledad Gil de Zalba, die Besitzerin, bewirtschaftet ihn in der fünften Generation, und so lange wird hier schon Olivenöl gepresst, neben Sherry das zweite Gold der Gegend.

Und wenige Kilometer von hier soll sie stehen: Die „Pena", die beste Flamencobar Spaniens. Aber sie ist nur selten geöffnet, denn den Flamenco, so sagen die Zigeuner, kann man nicht planen, nicht zwingen, nicht locken, und auch nicht bezahlen. Flamenco ist wie eine Sternenschnuppe, wie ein Regenbogen und manchmal auch wie ein Blitz aus heiterem Himmel. Und dann kann er einem das Herz zerreißen. Sie singen, spielen, tanzen ihn, aber der Ursprung, aus dem der Flamenco kommt, ist die Stimme. Wenn sie fühlen, dass er kommt, tragen die Männer dunkle Anzüge mit feinen Stiefeln und die Frauen Kostüme oder Abendkleider und Hüte.

„Wenn du in den wenigen Minuten eines Flamenco-Solos alles über das Leben des Sängers erfährst, über den Regen und über die Sonne, die er gesehen hat, über die Straßen, die er gegangen ist, über die Liebe, über das Leid, wenn es das ist, was du erfährst, dann hast du einen guten Sänger gehört", so sagt es La Senora Soledad Gil de Zalba – und lächelt.

Draußen auf ihrem Hof ist Stille, nur die Eulen schreien im Garten, und irgendwo in der Ferne bellt ein andalusischer Hund.

Am nächsten Tag quält sich ein weißer Golf durch das Weiß des Ortes, und auch die Frau am Steuer ist kreidebleich. Sie ist Fahrschülerin und ihre Übungsstrecke liegt in Ronda. Das Kopfsteinpflaster der Calle los Remedios führt steil bergab, hinter einer spitzen Kehre klettert die Calle los Vicentes geradewegs in den Himmel hinein, und bei Gegenverkehr streift die Antenne die Blumentöpfe vor den vergitterten Fenstern.

Ronda ist die Königin der weißen Dörfer, die sich alle wie Festungen an den Fels gekrallt haben und die Regeln von Statik und Schwerkraft relativieren. Diese Orte waren die letzten Bastionen bedrängter Moslems, die Straßen sind schmale Durchgänge zwischen den Mauern, keine Armee sollte hier der Einmarsch gelingen – verflucht, wer Autofahren lernen muss in Ronda. Der Name der Fahrschule steht in blauer Schrift auf dem Auto: Rilke, nach Rainer Maria R., dem Dichter deutscher Sprache – mit einer so unpoetischen Angelegenheit nicht leicht in Verbindung zu bringen. Aber es rilkt nun mal in Ronda. Papierhandlung, Buchhandlung und die Avendia del Poeta Rilke sind nach ihm benannt, ein Denkmal steht im Garten des Hotels Reina Victoria.

Das Hotel ist über die Jahre ein wenig heruntergekommen, doch noch immer ein bemerkenswerter Platz. Durchs Fenster reicht der Blick über die Schlucht und das Tal bis zu den Gipfeln der Sierra, so dass man tatsächlich „alles, was war, und alles, was sein kann" vergisst (Rilke). Kein Reifenhändler, kein Supermarkt verunziert das Umland; vor den Toren der Stadt ist das Land „aufgeschlagen in der reinsten Luft, wie um daraus vorzusingen". Wichtiger als Rilke ist Romero für Ronda. Auch er hat seine Straße, ein Restaurant ist nach ihm benannt, sein Denkmal steht auf der Alameda del Tajo. Pedro Romero, 1754 in Ronda geboren, ist der berühmteste Torero aller Zeiten, er stellte die noch heute gültigen Regeln des Stierkampfs auf. Die Arena von Ronda, wo er zum Volkshelden wurde, ist Spaniens schönste Kulisse für das archaische Drama. Das Erbe Romeros lebt in der Corrida und in der Kunst fort. Goya war fasziniert vom Ritus des Tötens und verewigte seinen Zeitgenossen Romero in seinen Bildern, später machte auch Picasso die Tauromaquia zum Thema. Hemingway suchte den „Tod am Nachmittag" in Ronda, und er verfiel dem Spiel der Bezwingung. Allerdings wurde er auch sentimental: „Wenn eure Flitterwochen hier nichts werden, wenn euch in Ronda die Eskapade nicht glückt, dann geht lieber … jeder für sich."

Ingrit Seibert
Ein Seelenzustand, den man auch tanzen kann

Langsam schält der Scheinwerfer die Silhouette einer Frau aus dem Dunkel. Reglos und makellos bis in die Fingerspitzen sitzt sie da, die mit Volants besetzte Schleppe ihres Kleides um sich drapiert – eine Ikone unnahbarer Weiblichkeit.

Im Hintergrund flehen zwei Sänger vergeblich um die Aufmerksamkeit der Schönen. Die beiden Gitarren tremolieren Klageschreie. Die Frau, dieses allem Anschein nach unerreichbare Objekt ihrer Begierde, wendet ihnen den Rücken zu, schön und kalt wie eine Statue.

Doch plötzlich fährt Leben in sie, beginnen ihre Hände zu spielen, ihre Arme zu weichen, runden Bewegungen zu erwachen. Es hält sie nicht mehr auf dem Hocker, es treibt sie, es lockt sie zu tanzen. Sie wirft den Kopf hoch und sieht den Männern ins Gesicht. Rafft ihr Kleid, wirbelt die lange Bata de Cola hinter sich und beginnt, den Platz um sich zu erobern.

Einen unendlichen Fächer der Gefühle breitet diese bailaora vor den Zuschauern aus: die graziöse Verführung durch das Wellenspiel der Arme, das zierliche Locken der Finger, quälend langsame Drehungen des schlanken Körpers zum Pulsschlag der Kastagnetten ...

Unvermutet unterbricht ein rauerer Ton die trügerische Süße: „Vale!“, schreit einer der Sänger, und die Tänzerin Ana Maria Bueno rafft die Röcke hoch bis zum Knie und beginnt einen Zapateado, stampft und trommelt mit Spitzen und Hacken, als wollte sie sich hineinarbeiten in den Boden, in diese Erde, als brenne ihr ein lange zurückgehaltenes Feuer unter den Füßen, als ließen ihre Leidenschaften sich so zertreten. Dieser Zapateado hat etwas Wütendes, Verzweifeltes. Der Gesang der Männer im Hintergrund wird zur Klage, zum Schrei, die Gitarren klingen schmerzlich und laut.

Ana Maria Bueno hat sich den vier Männern nun zugewandt, zeigt sich ihnen in ihrem Tanz, bietet sich halb trotzig an und bleibt doch unerreichbar. Der raue Cante ihrer Begleiter steigert sich zu einer Wildheit, die dem Publikum den Atem nimmt und sogar hartgesottene Flamenco-Aficionados sekundenlang befürchten lässt, die singenden Kerle in ihren fadenscheinigen schwarzen Anzügen und offenen Hemdkragen stürzten sich im nächsten Augenblick tatsächlich auf die Tänzerin und rissen sie, wahnsinnig vor Gier, in Stücke.

Dies ist der Moment der Wahrheit, die flüchtige Zeitspanne, da Duende eingekehrt ist – der geheimnisvolle Geist des Flamenco, der ein unberechenbarer Kobold ist.

Man kann Dutzende Flamenco-Veranstaltungen erlebt haben, berühmte Truppen wie die der Cristina Hoyos, schummrige Tablaos für Eingeweihte und farbenfrohe Shows für Touristen, ohne dem Duende je begegnet zu sein. Duende äußert sich in einer fast schmerzhaften Form des persönlichen Gepacktwerdens jedes einzelnen Anwesenden – als bliebe das Herz einen Augenblick lang stehen, als setze der Atem plötzlich aus, als habe man den Zipfel einer großen Wahrheit erfahren, die sich nicht in Worte kleiden, nicht weitergeben lässt. Als habe man dem Tod ins Gesicht gesehen – dem letzten, tiefsten Grund aller Erotik.

Wen Duende erfasst, den erschreckt und packt er bis ins Mark. Ohne ihn bleibt der Flamenco hohl und leer – eine Form nur, eine Lüge im Grunde. Flamenco hat nur ganz oberflächlich mit Schönheit zu tun, mit dekorativen Kleidern, eleganter Haltung – aber gar nichts mit Jugend. Die meisten Flamenco-Bailaoras erreichen den höchsten Punkt ihrer Karriere in einem Alter, in dem klassische Ballett-Tänzerinnen ihre Spitzenschuhe an den Nagel hängen müssen. Beim Flamenco kommt es auf die Lebenserfahrung an – auf die emotionale Verarbeitung von Schmerzen und Euphorien, von Liebesräuschen, Enttäuschungen, Kämpfen. Der wahre Flamenco, jener, der duende hervorzubringen imstande ist, spricht vom Drama der menschlichen Existenz, vom Urgestein der Gefühle. Sexy Teenies haben dabei nichts verloren.

Federico García Lorca, der große spanische Dichter und Apologet Andalusiens, hat es erlebt: „Vor Jahren, bei einem Tanzwettbewerb in Jerez de la Frontera, trug eine 80-Jährige den Preis davon, gegen die schönsten Frauen und junge Mädchen mit Hüften wie quicke Wellchen; und zwar einzig und allein dadurch, dass sie die Arme hochstieß, den Kopf in den Nacken warf und einmal mit dem Fuß aufs Podium stampfte. So also musste in der Versammlung von Musen und Engeln, von Frauenschönheit und Schönheit des Lächelns dennoch jener todnahe Dämon gewinnen, der seine Flügel aus rostigen Messern über den Boden schleifte."

Von diesem Tanz als Ausdruck eines Seelenzustandes, der von Freude und Verzweiflung, Lust und Schmerz kündet, fühlen sich vor allem Frauen angezogen, die schon ein Stück gelebt haben, die sich ihrer Persönlichkeit bereits bewusst sind, die etwas zu sagen haben und Freude daran, es mit ihrem Körper zu sagen. Frauen, die schon imstande sind, den Duende zu empfangen.

Solche Frauen haben dem Flamenco in den letzten Jahren ein Aufleben beschert, ein Emportauchen aus den Niederungen der Folklore und der Touristen-Nepperei, wie sie – beispielsweise – auf dem berühmten Sacromonte in Granada betrieben wird. Dort sitzen die in Reisebussen herangekarrten Fremden vor ihrem Bier und betrachten durch den Sucher ihrer Videokamera Bilderbuch-Zigeunerinnen, die sich sexy in bunten Kleidern drehen und mit den Fingern schnippen – Olé! Je mehr Mädels, umso besser, obwohl der Flamenco eine zutiefst solistische Kunst ist. Aber mit Flamenco haben dergleichen Veranstaltungen so viel zu tun wie das Oktoberfest mit Fröhlichkeit.

Flamenco ist nicht nur ein Tanz, sondern eine in sich geschlossene Kultur, die jahrzehntelang vom Zugrundegehen bedroht schien – verdorben von zuviel Kommerz, dabei innerlich ausgehungert durch die dürftigen Gagen, die den tatsächlichen Künstlern in den Tablaos gezahlt werden. Carlos Sauras Carmen-Film, kommerziell und gefällig genug, fachte dennoch das Interesse am wahren Flamenco in den 80er Jahren neu an. Im Sommer jagt in Spanien ein Festival das andere, es gibt unzählige Wettbewerbe und Workshops, die von öffentlichen Institutionen unterstützt werden. Allerorten werden Flamenco-Tanzkurse angeboten, CDs verkaufen sich glänzend, Dichter und Denker begeben sich auf die Suche nach dem duende. Die Aficionados formieren sich in aller Welt. Die eifrigsten pilgern nach Sevilla, um hier eine Flamenco-Schule zu besuchen, wie etwa die von Manolo Marín, dem berühmten Tänzer und Choreografen. Seine Academia liegt in Triana, einem der traditionsreichsten Viertel der Stadt, ehemals Wohngebiet der Zigeuner – somit Flamenco-Muttererde.

„Uno, dos, tres y cuatro", übertönt Antonio El Pipa, der Tanzlehrer, das Traptraptrap von 16 Paar Schuhen auf dem Holzfußboden. 15 Frauen und ein junger Mann folgen Antonio mit winziger bis beträchtlicher Verzögerung – je nach Stand des Könnens. Sie lassen die Füße des Lehrers nicht aus den Augen und kontrollieren zugleich die eigene Haltung in der frontalen Spiegelwand. Die meisten der Frauen sind deutlich erkennbar Ausländerinnen und keineswegs Teenager. Sie arbeiten konzentriert und mit Hingabe hinter dem

Rücken ihres jungen Vortänzers, der sie kaum korrigiert. Wird er ans Telefon gerufen, üben zwischendurch die fortgeschritteneren Schülerinnen mit den Anfängerinnen. Andere probieren besonders effektvolle Schrittkombinationen und Drehungen. Es herrscht eine ernsthafte, aber freundliche Arbeitsatmosphäre.

„In den letzten vier, fünf Jahren kommen viel mehr Leute", sagt Antonio: „Ich glaube schon, dass das mit dem Film von Saura zu tun hat. Drei Viertel kommen aus dem Ausland – die meisten aus Japan und Deutschland. Sie sagen, der Flamenco sei wie eine Droge für sie." In ein bis zwei Jahren sei es für die Begabtesten möglich, den Flamenco-Tanz in seinen Grundzügen zu erlernen. Man lerne aber nie aus, gäbe es doch über 80 verschiedene Tänze mit unzähligen Schrittvariationen – als die Soleares, Alegrías und Bulerías, die Siguiriyas, Tarantas und Farucas . . . Jedenfalls müsse man bereit sein, hart an sich zu arbeiten. Ein gut entwickeltes Gehör sei notwendig, eine physische Grundkondition, nicht zuletzt Willenskraft, Disziplin. Vielleicht seien deshalb die Japanerinnen und die Deutschen so vorbildliche Schülerinnen.

„Ja, wie eine Droge", sagt die höfliche Tsuneko, „im Flamenco liegt viel tiefes Gefühl. Wir Japaner können das gut verstehen. Diese Musik: orientalische Musik. Flamenco liegt uns sehr nahe." Früher hat Tsuneko als Hebamme gearbeitet, um sich ihre Reisen zu finanzieren. Mittlerweile unterrichtet sie jeweils vier Monate in Japan Flamenco-Tanz und lernt die restliche Zeit des Jahres bei Marín in Sevilla. „Um mich weiterzuentwickeln, brauche ich die Atmosphäre dieser Stadt", erklärt sie.

Elisa Perez Acal ist um die 50 und zählt zur Minderheit der Einheimischen in der Schule. Sie ist Hausfrau, hat drei Kinder und kann in jeder Hinsicht als eine typische Sevillana gelten: freundlich und sehr selbstbewusst.

„Vor zehn Jahren hat es mich mit einem Mal überfallen“, erzählt sie: „Bis dahin hat mich Flamenco nicht interessiert, auch als Kind nicht. Plötzlich aber hat es mich gepackt – ich weiß auch nicht, warum – und seither komme ich hierher, um zu lernen und tanze nun bei jeder Gelegenheit – auf Familienfesten vor allem. Meiner Familie gefällt es.“

Hat sie als Andalusierin einen anderen Zugang zu diesem Tanz?

„Ich glaube schon“, sagt Elisa, „dass es für mich leichter ist als für Ausländerinnen. Wir haben eine andere Grazie ...“

Der Baile ist freilich das jüngste Element im Dreiklang der Arte Flamenco: Gesang – Gitarre – Tanz. Unentbehrlich ist lediglich die menschliche Stimme, oftmals nur begleitet von Palmas und Pitos.

„Miguel!“, schreit einer aus der dunklen Masse des Publikums: „Jetzt hören wir Cante!“

„Endlich!“ sekundiert ein anderer und sein Ruf klingt wie ein Stöhnen.

Cante – Gesang. Nein, Gesang ist das nicht. Nicht für mitteleuropäische Ohren. Der Mann dort oben auf der Bühne heizt seinem Publikum ein mit rauen Schmerzensschreien – mit einer scheinbar atonalen, wilden Klage. Er zerrt an seinen Stimmbändern – Ayayayayayayayay –, quält sich und quält seine Zuhörer.

„Vale!“, ruft immer wieder einer von ihnen – das heißt: gut so, weiter so ...

Miguels Gesicht ist vor Anstrengung verzerrt, an den Schläfen treten die Adern hervor, Schweiß rinnt ihm in Bächen in den Hemdkragen, wo eine goldene Kette blitzt. Für den Flamenco-Sänger geht es nicht darum, eine gute Stimme zu haben, sondern den Zuhörern durch seinen Gesang wehzutun, sie zur Teilnahme zu bewegen.

Es ist zwei Uhr nachts und aus dem schwarzen Himmel funken die Sterne Botschaften aus der

Unendlichkeit. In Sevillas Barrio Triana, im Patio des legendären Hotels Triana, hat der Cantaor Miguel „El Funi“ aus Lebrija den Duende beschworen, jedem einzelnen seiner Zuhörer nicht bloß ans Herz gegriffen, sondern in den Eingeweiden gewühlt. Als er seine Ballade endlich schließt, seinen dunklen Kopf tragisch senkt, dann hochwirft und ins Publikum starrt, holt der ganze Patio, Hunderte von Menschen, Atem zu einem Schrei der Begeisterung, der Leidenschaft, der Erlösung.

Miguel da oben verbeugt sich langsam und tut schließlich etwas Unerhörtes: Er kniet nieder und küsst den Boden, auf dem der Duende von ihm Besitz ergriffen hat.

„Der Papst des Flamenco“, flüstert neben uns ein alter Mann mit Tränen in den Augen.

Sogar der Jubel, die Begeisterung der Aficionados ist erschreckend und packend zugleich.

So muss es gewesen sein, damals, bei Manuel Cagancho, dem legendären Flamenco-Sänger, bei dessen Vortrag – so wird dem Interessierten häufig versichert – sich die Haare seiner Zuhörer gesträubt haben sollen. Nachher zerrissen die Gitanos im Publikum sich vor Begeisterung die Kleider und zerschlugen alles, was ihnen unter die Hände kam. Ein Akt kollektiven Wahnsinns.

So freilich sieht das in Spanien keiner. Da würde man allenfalls eingestehen, dass ein wenig Spiritismus im Spiel sei: der Duende verwandelt den Flamenco-Künstler in ein Medium – der Geist, der Dämon fährt in den Sänger, benutzt ihn, um sich der Gemeinschaft mitzuteilen. Federico García Lorca hat das beschrieben: „Da schoss La Niña de los Peines wie von Sinnen in die Höhe, auseinandergerissen wie ein mittelalterliches Klageweib, trank mit einem Zug ein großes Glas Cazalla, der wie Feuer ist, und fing zu singen an: ohne Stimme, ohne Atem, ohne Nuancen, mit verbrannter Kehle – aber mit Dämon. Es war ihr gelungen, das ganze Gerüst des Liedes zu zertrümmern, um einen wilden, versengenden Dämon durchbrechen zu lassen, einen Freund der Sandstürme ... Sie musste ihre Stimme zerfetzen, weil sie wusste, dass Leute ihr zuhörten, die keine Formen, sondern das Mark der Formen verlangten; reine Musik mit gerade noch so viel Substanz, um sich in der Luft zu halten. Sie musste sich des Wissens und der Sicherheiten begeben, das heißt, ihre Muse fortschicken, verlassen und schutzlos bleiben, bis der Dämon kommen und sich herbeilassen würde, Leib gegen Leib mit ihr zu kämpfen. Und wie sie sang! Ihre Stimme spielte nicht mehr: Ihre Stimme war ein Blutstrahl, geadelt durch Schmerz und Ernst."

Der Flamenco wurzelt in der Kultur der andalusischen Zigeuner, der Calè, der Schwarzen, wie sie sich selbst nennen. Im 15. Jahrhundert waren sie nach langer Wanderschaft durch Vorderasien und Nordafrika schließlich nach Südspanien gelangt, wo sie sich in erster Linie im Dreieck Sevilla-Jerez-Cadiz niederließen. Zum fahrenden Volk gehören die Calè nur noch bedingt. Ihrem Kommunikationsbedürfnis folgend, ließen sich viele Gitano-Sippen bereits vor Jahrhunderten an der Peripherie der Städte nieder, von wo aus sie aber weiterhin ihren ambulanten Tätigkeiten nachgingen: Scherenschleifer, Kesselflicker, Pferdehändler, Stierkämpfer oder Gehilfe eines Matadors. Oder eben Flamenco-Künstler.

Die Parallelen zwischen Flamenco und Stierkampf sind erstaunlich, wenngleich erst nach tieferem Eindringen in die Materie offenkundig. Obwohl der Stierkampf aus der Kultur der payos kommt, entspricht er im Wesentlichen der Gefühlswelt der Gitanos: Herausforderung, Triumph oder Tod, Enttäuschung, Euphorie, metaphysische Interpretation der Realität.

Die unzähligen öffentlichen und privaten Feste, die einander in Andalusien auf den Fuß folgen, sind stets Domäne und Arbeitsplatz der Gitanos. Bei allen Wallfahrten, diesen Exzessen arachaischer Wundergläubigkeit, sind sie mit ihren eigenen Heiligenbildern, ihren religiösen Gitano-Bruderschaften dabei – aber auch als ambulante Händler mit einem Sortiment, das von Zigaretten bis zu Devotionalien reicht oder als Schausteller einer tanzenden Ziege. Bei der extravaganten Feria de Sevilla, Höhepunkt des andalusischen Festkalenders, haben sie ihre eigenen Zelte, die zu betreten Payos gewöhnlich verwehrt bleibt. Gitanos bleiben gerne unter sich, innerhalb des eigenen und befreundeter Clans. Einerseits sehen die Payos bis heute mit Misstrauen und Verachtung auf sie herab, um gleichwohl die geheimnisvollen Bräuche von dunkler Herkunft – manches deutet auf Indien hin – zu romantisieren. Andererseits haben die Gitanos ihre eigenen Gesetze, ihren eigenen Moralkodex, und zeigen wenig Lust, diese Sonderstellung für ein Leben in der Payo-Welt einzutauschen, in der sie doch nur arm und ungebildet am Rande der Gesellschaft dahinvegetieren müssen. In einem Catio heißt es:

In der Kleidung bin ich Spanier
doch Gitano von Geburt
Spanier wünsche ich nicht zu sein
fühle als Gitano mich zufrieden.

In einem anderen Lied wird geklagt:

Im Viertel von Triana
hörte man mit lauter Stimme,
dass Leid im Leben tragen müsse,
wer ein Calè ist.

Für den Gitano gibt es zwei Möglichkeiten, sein Glück zu machen – auch wenn beide Wege innig mit dem Leid verbunden sind, ja geradezu darauf aufbauen: als Stierkämpfer oder als Flamenco-Künstler. Wie sehr eine solche Karriere als erstrebenswert angesehen wird, kommt in einem der vielen Riten der Gitanos

Andalusiens zum Ausdruck – beim Nagelfest. Dabei werden dem Gitano-Säugling Finger- und Zehennägel beschnitten. Auf diese Weise wünscht man dem neuen Mitglied der Sippe Talent für den Flamenco-Gesang, für das Gitarrenspiel und den Tanz. Ein berühmter Künstler wird jeweils eingeladen, die Nägelchen zu beschneiden, gewissermaßen die Patenschaft zu übernehmen. Zugleich ist ein solches Fest ein Anlass um zu tanzen und zu singen. Bei den Familienfesten der Gitanos, die Außenstehenden in der Regel verschlossen bleiben, findet der authentische Flamenco statt. Aus der Höhle, dem Zelt des Zigeuners, drang vor Hunderten von Jahren der Schmerzensschrei derer, die ein Ventil brauchten für den Druck des Lebens im Bodensatz der Gesellschaft. Der Schrei verband sich mit den orientalischen Weisen, welche die gitanos während ihrer langen Wanderschaft durch Jahrhunderte und Kontinente aufgelesen hatten, und er verband sich mit den Liedern der mehrere Jahrhunderte lang von den Mauren dominierten andalusischen Landbevölkerung. Im Grunde blieb er aber, was Ricardo Molina in seinem Buch „Misterios del arte Flamenco" so ausdrückte: „In seiner schlichtesten Art ist er, der Flamenco, der Schrei eines Volkes, das in Armut und Unwissenheit versunken ist und für das nur die drängende Notwendigkeit des unmittelbaren Überlebens und die instinkthaften Gefühle existieren."

Es ist nicht leicht, wirklichen Flamenco in seiner Heimat, in Sevilla oder Granada, zu erleben. Viele Geheimtipps erweisen sich inzwischen als Touristenfallen. Manche noch vor wenigen Wochen gerühmte Tablaos werden über Nacht von der Polizei geschlossen: Spaniens Drogenhändler haben sich nicht zuletzt das Flamenco-Milieu als Absatzgebiet ausgesucht und mischen dort nach Mafia-Art mit. Längst ist es nicht mehr so wie noch vor wenigen Jahren, als in jeder Bar gesungen und getanzt werden konnte, sobald Stimmung aufkam. Spanien ist vergleichsweise reich geworden – derlei Fortschritt drückt sich nicht zuletzt in der wuchernden Ausbreitung einer Bürokratie aus, die nach Konzessionen und Abgaben für alles und jedes verlangt – auch für die Berechtigung, seinen Seelenzustand hinauszuschreien, der Gitarre anzuvertrauen, in den Boden einer Bar zu stampfen.

Doch Andalusien ist noch immer jener Teil Spaniens, in dem obrigkeitliche Anordnungen nach Möglichkeit als unverbindliche Empfehlungen ausgelegt werden. Noch kann man nach Mitternacht in Sevilla den Guadalquivir überqueren, um jenseits des Flusses in Triana mit gespitzten Ohren den wahren Flamenco aufzustöbern – eine verruchte Bar zu finden, aus der ein lang gezogenes Ayayayay stöhnt.

Dort sitzen sie im Kreis um eine Flasche Fino oder Tinto, unter ihnen der Kerl mit dem geölten schwarzen Haar und dem gelassenen Grinsen des begabten Schlitzohres, das mangels Ehrgeiz nie zur großen Karriere, weder in der bürgerlichen noch in der Unterwelt, aufgebrochen ist. Dem genügt es offenkundig vollkommen, hier zu sitzen, auf seiner Gitarre zu improvisieren. Er lässt sie plaudern und mustert dazu nicht sonderlich interessiert seine Umgebung. Eine zweite Gitarre nimmt das Thema auf, mischt sich ein. Jemand fängt an zu klatschen, andere stimmen ein. Da fällt dem kleinen Dicken mit der Knollennase in der Ecke etwas ein. Halb Parlando erzählt er der Gitarre eine Strophe.

„Vale!“, feuert ihn sein Nachbar bewundernd an. Oliven und Wein werden gebracht. Eine junge Gitana im Minikleid steht auf und zeigt ein paar Pasos.

„Vale!“, rufen die Kerle. Das Mädchen setzt sich wieder hin. Der neue Tag ist erst zwei Stunden alt, der Abend noch nicht so weit gediehen.

Da fällt dem kleinen Dicken – Carlos Heredia heißt er, und in Sevilla kennt ihn jeder Aficionado – noch etwas ein. Die Gitarren nehmen den Einfall auf, spinnen ihn fort, die Runde klatscht den Rhythmus, man lacht und schwatzt, belohnt den Sänger mit Zurufen, holt mehr Wein herbei.

Wieder steht jemand auf, setzt an zum Tanz, bricht wieder ab. Scherze fliegen hin und her. Langsam baut sich eine eigentümliche Spannung auf. Ganz behutsam wird die Bereitschaft der Anwesenden, in diese Stimmung einzusteigen, vorangetrieben. Flamenco ist eine höchst solistische Kunst – indes auch eine, die vom Gruppenerlebnis lebt. Sie duldet keine passiven Zuhörer, keine in distanzierter Konsumentenhaltung dasitzenden Zuseher. Wer dabei ist, ist am Flamenco beteiligt, hat zur Beschwörung des Duende beizutragen.

Gewiss, es gibt große Künstler, die pünktlich zu einem angekündigten Zeitpunkt auftreten und eine großartige Vorstellung bieten. Doch im Grunde verträgt sich Flamenco nicht mit Terminvereinbarungen, vorherbestimmten Abläufen. Was wir in dieser Nacht in Triana erleben, ist der Beginn einer Juerga – eines Gelages, das als Folge des zufälligen Zusammentreffens zweier Bekannter zustande kommt und bis zu einer Woche dauern kann. Die Juerga ist eine Orgie der Spontaneität. Man singt und zecht und tanzt und trinkt, lädt Zufallsbekannte zum Fest, um gemeinsam zu weinen und zu lachen, sich selbst zu vergessen oder sich des Lebens so richtig bewusst zu werden. Wie ein Blitzstrahl schlägt dann irgendwann in die Juerga der Duende ein – der Dämon.

So ist Flamenco.

Autorenviten

Wolfram Weimer (geb. 1964)
ist seit 2004 Chefredakteur und Herausgeber des von ihm gegründeten Politikmagazins „Cicero". Zuvor war er in führenden Positionen bei großen deutschen Tageszeitungen tätig, zuletzt als Chefredakteur der „Welt". Für seine Arbeit wurde er mit zahlreichen Preisen geehrt.

Christiane Goetz-Weimer (geb. 1962)
ist Publizistin und lebt in Potsdam. In den 1990er Jahren berichtete sie als Korrespondentin für die „Frankfurter Allgemeine Zeitung" und den „Focus" aus Spanien.

Andrea Freund (geb. 1966)
studierte Romanistik, Kunstgeschichte und Sprachwissenschaften. Sie schrieb für die „Frankfurter Allgemeine Zeitung", heute arbeitet sie als freie Redakteurin und Autorin für verschiedene Magazine und Tageszeitungen.

Heinrich Heine (1797–1856)
wurde 1797 in Düsseldorf als Harry Heine geboren. Studium der Rechtswissenschaften in Bonn, Göttingen und Berlin. Er gehört zu den bedeutendsten deutschen Dichtern zwischen Romantik und Realismus. 1831 ging Heine als Berichterstatter nach Paris, wo er 1856 starb.

Axel Arens (1939–1986)
Der Journalist schrieb unter anderem für die „Frankfurter Allgemeine Zeitung". 1985 wurde ihm der Egon-Erwin-Kisch-Preis verliehen.

Andreas Drouve (geb. 1964)
lebt in Spanien und ist als freier Autor und Journalist für zahlreiche deutschsprachige Buchverlage, Magazine und Zeitungen tätig. Im Ellert & Richter Verlag ist von ihm „Stille Winkel auf dem Jakobsweg" erschienen.

Nikolaus Nowak (geb. 1965)
ist promovierter Germanist und lebte zwölf Jahre als Journalist in Spanien. Während dieser Zeit berichtete er unter anderem als Korrespondent für „Die Welt", „Welt am Sonntag" und „Die Presse" (Wien).

Hans Magnus Enzensberger (geb. 1929)
Der Dichter, Schriftsteller, Herausgeber, Übersetzer und Redakteur war Mitglied der „Gruppe 47" und gab von 1965 bis 1975 die Zeitschrift „Kursbuch" heraus. Enzensberger lebt heute in München.

Hans Gasser (geb. 1975)
studierte Geschichte und Politik in Wien und Angers (F). Er arbeitet als Journalist, vorwiegend für die „Süddeutsche Zeitung", auch für „Die Zeit" und den „Tages-Anzeiger".

Alois Weimer (geb. 1930)
Der Verfasser und Herausgeber mehrerer Bücher ist freier Mitarbeiter beim Reiseblatt der „Frankfurter Allgemeinen Zeitung“. Im Ellert & Richter Verlag ist sein Reiselesebuch „Bretagne“ erschienen.

Federico García Lorca (1898–1936)
zählt zu den bedeutendsten spanischen Lyrikern und Dramatikern des 20. Jahrhunderts. Er wurde am 19. August 1936 in Viznar durch spanische Nationalisten ermordet.

Rainer Fabian (1935–2004)
hat Filmdramaturgie und Filmregie in Potsdam und Germanistik in Stuttgart studiert. Er leitete die Literaturbeilage der „Welt“, gehörte der „stern“- Chefredaktion an und war Korrespondent für Lateinamerika.

Rafael Alberti (1902–1999)
wurde bei Cádiz geboren. Er gehörte zu einer Gruppe von Autoren, die der sogenannten Generación del 27 zugerechnet werden. Während des Spanischen Bürgerkriegs ging er ins Exil, 1977 kehrte er nach Spanien zurück.

Ingrit Seibert (geb. 1956)
Nach mehrjähriger Tätigkeit als Schauspielerin am Schauspielhaus Zürich und Volkstheater Wien sowie in etlichen Film- und TV-Produktionen ist sie als freie Autorin für Zeitungen und Zeitschriften tätig.

Marlowe Remiev (geb. 1964)
ist Schriftsteller und lebt in Madrid.

Christine Valentin (geb. 1959)
lebt in Basel. Die PR-Beraterin und Museologin ist in der Museumsberatung und Wissenschaftsvermittlung tätig. Die Autorin lebte zwei Jahre in Granada und hat Andalusien regelmäßig bereist.

Hans-Jürgen Heise (geb. 1930)
wurde besonders durch seine Lyrik und Essays bekannt. Rund 50 Einzelpublikationen, zuletzt eine sechsbändige Werkauswahl in Einzelbänden im Wallstein Verlag. Diverse Preise sowie Professorentitel für sein Gesamtwerk.

Annemarie Zornack (geb. 1932)
Veröffentlichung von rund 15 Lyrikbänden sowie, zusammen mit Hans-Jürgen Heise, zwei Reisebüchern. Für ihre Arbeiten wurde sie u. a. mit dem Friedrich-Hebbel-Preis und dem Kulturpreis der Stadt Kiel ausgezeichnet.

Georges Hausemer (geb.1957)
lebt in Luxemburg. Studium der Publizistik und Romanistik in Salzburg und Mainz. Er arbeitet als Schriftsteller und Übersetzer.

Brigitte Haertel (geb. 1954)
ist Journalistin und lebt und arbeitet in Düsseldorf. Sie schreibt u. a. für die „Süddeutsche Zeitung“ und „Brigitte“ und ist Chefredakteurin von „theo, das katholische Magazin“.

Quellennachweis

Wolfram Weimer
„Para qué?“, fragt der Andalusier, Originalbeitrag

Christiane Goetz-Weimer
Im Rampenlicht der Weltgeschichte, Originalbeitrag

Andrea Freund
Sei leise, wenn du nach Córdoba kommst, Originalbeitrag

Heinrich Heine
Almansor, aus: Ders.: Gesammelte Werke in zwei Bänden, hrsg. von Hanns Martin Elster, Bd. 1, Gütersloh o. J., S. 172–175

Axel Arens
Gibraltar, Affenfelsen und Zankapfel, aus: FAZ-Magazin, Heft 295 vom 25.10.1985. Zur Verfügung gestellt vom Frankfurter Allgemeine Zeitung Archiv

Wolfram Weimer
Sieben im Süden, Originalbeitrag

Andreas Drouve
Unterwegs an der „Küste des Lichts“. Originalbeitrag

Nikolaus Nowak
Flucht ins gelobte Land, aus: Die Welt vom 9.8.2001, mit freundlicher Genehmigung des Autors

Hans Magnus Enzensberger
Spanische Scherben. Andalusische Identität heute, aus: Ders.: Ach Europa! Wahrnehmungen aus sieben Ländern © Suhrkamp Verlag Frankfurt/M. 1987, S. 410–415

Hans Gasser
Der verlorene Stier, aus: Süddeutsche Zeitung vom 9.11.2006. Zur Verfügung gestellt von der Süddeutschen Zeitung

Alois Weimer
Federico García Lorca – ein andalusischer Hund, Originalbeitrag. Die Gedichte von Federico García Lorca „Dorf“, „Ode an Salvador Dalí“ und „Ode auf den König von Harlem“ wurden entnommen aus: Federico García Lorca, Die Gedichte. Spanisch-Deutsch, übersetzt von Enrique Beck, Wallstein Verlag Göttingen 2008, mit freundlicher Genehmigung der Heinrich Enrique Beck-Stiftung

Federico García Lorca
Elegie an Johanna die Wahnsinnige, aus: Poetischer Andalusien-Führer, hrsg. von Kurt Ochs, Wissenschaftliche Buchgesellschaft Darmstadt 2002

Rainer Fabian
Die Semana Santa in Málaga, aus: Rheinischer Merkur vom 15.5.1964

Rafael Alberti
Der verlorene Hain, aus: Ders.: Der verlorene Hain. Erinnerungen. Aus dem Spanischen von Joachim A. Frank © Insel Verlag, Frankfurt/M. 1976, S. 57–60

Ingrit Seibert
Die tanzenden Pferde von Jerez. Zur Verfügung gestellt von der White Star Agentur, Hamburg

Marlow Remiev
Die drei Schönen,
Originalbeitrag

Christine Valentin
Rote Peperoni und gelber Mais auf weißen Dächern, aus: Weltwoche vom 12.12.1985, mit freundlicher Genehmigung der Autorin

Hans-Jürgen Heise/
Annemarie Zornack
Granada ist nicht die Alhambra, aus: Der Macho und der Kampfhahn. Unterwegs in Spanien und Lateinamerika, Kiel 1987. Mit freundlicher Genehmigung der Autoren

Georg Hausemer
Churros mit Julio, aus: Im Land der Mauren und Olivenhaine. Andalusische Streifzüge. Picus Lesereisen. © Picus Verlag Wien 2000, S. 34–36

Wolfram Weimer
Sevilla fließt. Originalbeitrag

Brigitte Haertel
Im Garten schreien die Eulen, aus: theo (Das katholische Magazin), Frühjahr 1/2008, S. 51, mit freundlicher Genehmigung der Autorin

Ingrit Seibert
Ein Seelenzustand, den man auch tanzen kann. Zur Verfügung gestellt von der White Star Agentur, Hamburg

Trotz aller Bemühungen ist es uns nicht gelungen, für einige Texte die Urheberrechtsverwalter zu ermitteln. Wir bitten diese, sich gegebenenfalls mit uns in Verbindung zu setzen.

Impressum

Bibliografische Information der Deutschen Bibliothek
Die Deutsche Bibliothek verzeichnet diese Publikation in der Deutschen Nationalbibliografie; detaillierte bibliografische Daten sind im Internet über http://dnb.ddb.de abrufbar.

ISBN 978-3-8319-0304-7

Textauswahl:
Wolfram Weimer, Berlin
Gestaltung:
Büro Brückner + Partner, Bremen
Gesamtherstellung:
Offizin Andersen Nexö Leipzig GmbH, Zwenkau

Das Titelbild zeigt einen Osborne-Stier. Vor mehr als 50 Jahren als Werbeschild für Brandy aufgestellt, ist er längst zum Nationalsymbol geworden. Die Rechte des Bildes liegen bei Holger Quast, Uelzen.